CADERNO do Futuro

A evolução do caderno

GEOGRAFIA

8º ano
ENSINO FUNDAMENTAL

3ª edição
São Paulo - 2013

Coleção Caderno do Futuro
Geografia
© IBEP, 2013

Diretor superintendente	Jorge Yunes
Gerente editorial	Célia de Assis
Editor	Renata Regina Buset
Assistente editorial	Felipe Passos
	Karina Danza
Revisão	André Odashima
	Berenice Baeder
	Maria Inez de Souza
Coordenadora de arte	Karina Monteiro
Assistente de arte	Marilia Vilela
	Nane Carvalho
	Carla Almeida Freire
Coordenadora de iconografia	Maria do Céu Pires Passuello
Assistente de iconografia	Adriana Neves
	Wilson de Castilho
Cartografia	Mario Yoshida
Produção gráfica	José Antônio Ferraz
Assistente de produção gráfica	Eliane M. M. Ferreira
Projeto gráfico	Departamento de Arte Ibep
Capa	Departamento de Arte Ibep
Editoração eletrônica	N-Publicações

CIP-BRASIL. CATALOGAÇÃO-NA-FONTE
SINDICATO NACIONAL DOS EDITORES DE LIVROS, RJ

P682g
3.ed

Piffer, Osvaldo Liscio de Oliveira
    Geografia : 8º ano / Osvaldo Liscio de Oliveira Piffer. - 3. ed. - São Paulo : IBEP, 2013.
    il. ; 28 cm   (Caderno do futuro)

    ISBN 978-85-342-3562-4 (aluno) - 978-85-342-3566-2 (mestre)

    1. Geografia - Estudo e ensino (Ensino fundamental). I. Título. II. Série.

12-8681.   CDD: 372.891
                                            CDU: 373.3.016:9

27.11.12   03.12.12   041063

3ª edição - São Paulo - 2013
Todos os direitos reservados.

Av. Alexandre Mackenzie, 619 - Jaguaré
São Paulo - SP - 05322-000 - Brasil - Tel.: (11) 2799-7799
www.editoraibep.com.br editoras@ibep-nacional.com.br

Impressão - Gráfica Capital - Novembro 2016

SUMÁRIO

A MARCA CAPITALISTA NO POVOAMENTO DAS AMÉRICAS

1. O mundo capitalista 4
2. As transformações no mundo capitalista 8
3. A revolução da máquina 13
4. Divisão geográfica da América 16
5. O povo americano 23
6. O relevo, os grandes rios e os lagos norte-americanos 27
7. América Central, terra e água 33
8. O relevo e os grandes rios da América do Sul 39
9. Os contrastes naturais nas Américas 44

A POPULAÇÃO DAS AMÉRICAS

10. O quadro demográfico das Américas 53
11. O crescimento e a distribuição da população americana 58

A ECONOMIA AMERICANA

12. O desenvolvimento desigual 62
13. As atividades de extração mineral 67
14. A agricultura na América Anglo-Saxônica 73
15. A agricultura na América Latina 77
16. A atividade criatória no continente americano 81
17. A atividade industrial como padrão de desenvolvimento 85
18. As concentrações industriais americanas 88

OS PAÍSES AMERICANOS

19. Países norte-americanos 9
20. Países centro-americanos continentais 11
21. Países centro-americanos insulares 12
22. Os países andinos 13
23. Os países platinos 14
    Miniatlas 15

ESCOLA

NOME

PROFESSOR

HORA	SEGUNDA	TERÇA	QUARTA	QUINTA	SEXTA	SÁBADO

PROVAS E TRABALHOS

A MARCA CAPITALISTA NO POVOAMENTO DAS AMÉRICAS

1. O mundo capitalista

Houve um período da história em que os seres humanos buscavam somente o necessário para a sobrevivência. Ao longo do tempo a população foi aumentando e as tribos passaram a se organizar, criando uma divisão de trabalho.

```
DIVISÃO DE TRABALHO
        ↓
AUMENTO DE PRODUTIVIDADE
    ↓           ↓
PRODUTOS    NECESSIDADE
COMEÇAM  →  DE TROCA DOS
A SOBRAR    PRODUTOS
            EXCEDENTES
    ↓           ↓
SURGE UM PROBLEMA:
OS PRODUTOS NÃO TÊM
O MESMO VALOR PARA AS TRIBOS
        ↓
SOLUÇÃO:
INVENÇÃO DA MOEDA
```

Com a invenção da moeda, começou-se a trocar os produtos, que têm valor de uso e de troca, pelas moedas, que têm somente valor de troca.

Valor de uso: é a importância de um bem, de assegurar a satisfação das necessidades de quem vai usá-lo.

Valor de troca: estabelecido pelo preço que um bem adquire ao ser trocado por outro bem ou moeda.

1. Complete as lacunas.

Houve um tempo em que as pessoas caçavam, pescavam, colhiam, plantavam apenas o necessário para _____.

Com o _____ da população, as _____ se organizaram e estabeleceram uma _____.

2. Enumere a sequência dos fatos.

(   ) Os produtos começaram a sobrar.

(   ) Divisão de trabalho.

(   ) As tribos começaram a trocar os excedentes.

(   ) Aumento da produção.

3. Como eram feitas as trocas depois da invenção da moeda?

4. Explique o significado de:

a) Valor de uso

b) Valor de troca

Capitalismo

Com o passar do tempo, apareceram algumas pessoas querendo acumular moedas, e outras dominando e determinando o valor delas. Surgiu, então, uma outra sociedade, na qual alguns já não mais produziam: os comerciantes (capitalistas) compravam e vendiam mercadorias e acumulavam moedas, e os grandes proprietários compravam ou se apossavam de terras. Essas pessoas formavam uma classe poderosa e dominante que vivia do trabalho alheio.

Posteriormente, com a industrialização, surgiu uma nova definição:

CAPITALISTAS —detêm→ CAPITAL + MEIOS DE PRODUÇÃO

TRABALHADORES —vendem→ FORÇA DE TRABALHO

Meios de produção: conjunto dos instrumentos de produção, instalações físicas, meios de transporte e matéria-prima.

Força de trabalho: caracterizada pelo número de pessoas com capacidade de participar do processo de divisão social do trabalho numa sociedade.

5. Em relação aos comerciantes (antes da industrialização), escreva V para verdadeiro e F para falso.

a) Produziam mercadorias para vender. (   )

b) Acumulavam moedas. (   )

c) Trocavam produtos excedentes como faziam as tribos. (   )

d) Viviam do trabalho alheio. (   )

e) Vendiam e trocavam mercadorias. (   )

6. Qual a nova definição de capitalismo, após a industrialização?

7. Relacione os itens abaixo com o grupo de meios de produção a que pertencem.

(1) ferramentas, máquinas e equipamentos
(2) algodão, trigo, ferro e madeira
(3) edifícios, armazéns e silos
(4) caminhões, carros e aviões

(   )   matéria-prima
(   )   instalações físicas
(   )   instrumentos de produção
(   )   meios de transporte

8. Complete as lacunas.

a) Os _____ vendem sua _____ de trabalho, que é caracterizada pelo número de pessoas com capacidade para participar do processo de divisão social do trabalho numa _____.

b) Os _____ eram pessoas que já não mais produziam, mas compravam e vendiam e acumulavam _____.

c) Os _____ proprietários compravam ou se apossavam de

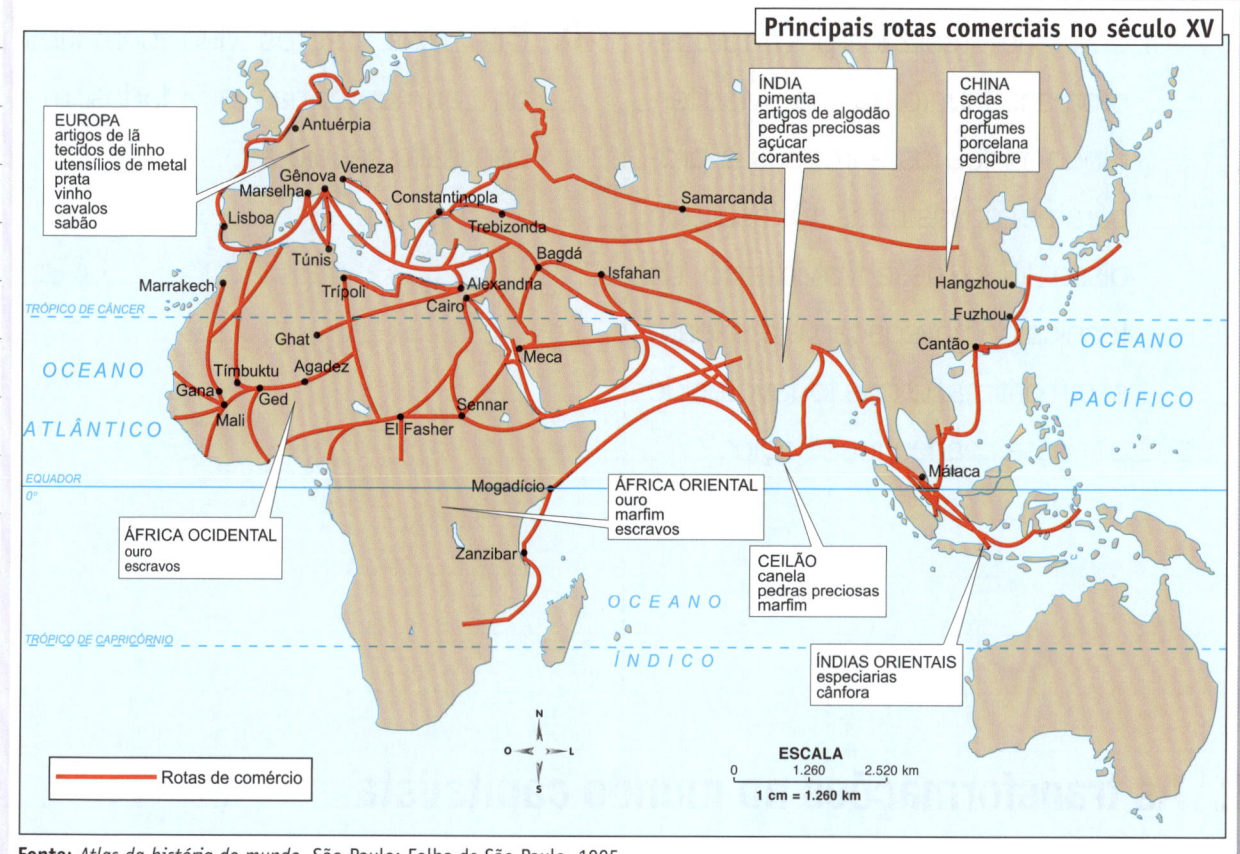

Fonte: *Atlas da história do mundo*. São Paulo: Folha de São Paulo, 1995.

As atividades mercantis cresceram no mundo com o desenvolvimento das cidades e o surgimento da burguesia.

9. Com base no mapa, responda às questões a seguir.

a) Quais eram os principais produtos e matérias-primas vendidos ou trocados entre a Europa e a Índia?

b) O bloqueio realizado pelos turcos-otomanos junto ao mar Mediterrâneo forçou os europeus a procurarem novas rotas. O resultado disso foi o desenvolvimento da técnica de navegação e a expansão marítima. O que foi favorecido por esse avanço tecnológico?

10. Cite dois fatores que permitiram um aumento nas atividades mercantis do século XV.

2. As transformações no mundo capitalista

No fim da Idade Média, época das grandes navegações, a Europa estava se transformando. A atividade mais importante passava a ser o comércio com o Oriente. Esse comércio permitiu o enriquecimento dos comerciantes (burgueses) e o crescimento de seu poder.

Enquanto isso, a nobreza, apesar de ter poder, representado pela posse da terra e pela opulência de seus castelos, via a sua riqueza escassear.

O crescimento das cidades estabeleceu uma nova ordem social e econômica não mais baseada no sistema feudal.

IDADE MÉDIA → FEUDALISMO → SISTEMA DE GRANDES PROPRIEDADES / ECONOMIA DE SUBSISTÊNCIA

Hierarquia no feudalismo

Foi rompendo a estrutura feudal que o poder econômico emergente – burguesia – e o poder político – rei – aliaram-se dando origem às monarquias absolutistas e a uma nova política econômica – o mercantilismo.

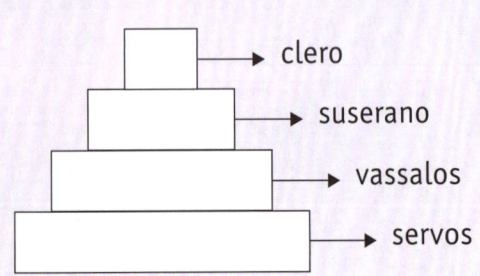

clero, suserano, vassalos, servos

1. Enumere de acordo com a sequência dos fatos.

( ) Crescimento das cidades.
( ) A ordem social e econômica das cidades era baseada no sistema feudal.
( ) Comércio com o Oriente.
( ) Aliança entre a burguesia e o rei, dando origem às monarquias absolutistas.
( ) Enriquecimento da burguesia.

2. Pesquise em livros, revistas e internet e caracterize o sistema feudal.

3. O que permitiu a formação das monarquias absolutistas?

Monarquias absolutistas

As monarquias absolutistas foram responsáveis pelo financiamento e pela organização da exploração das colônias. Era a fase do capitalismo comercial ou mercantil.

As colônias interessavam à metrópole como fonte de novas riquezas e nova força de trabalho. Dessa forma, movidos pelo interesse exploratório, Espanha e Portugal iniciaram a grande corrida pelas riquezas da América.

Enquanto a Espanha obtinha sucesso na exploração de ouro e prata, Portugal lançava-se à empresa açucareira com a Holanda, que refinava e distribuía o açúcar na Europa.

As metrópoles procuravam proteger seus mercados a todo custo. Para isso, controlavam suas balanças comerciais pela aplicação de tarifas alfandegárias.

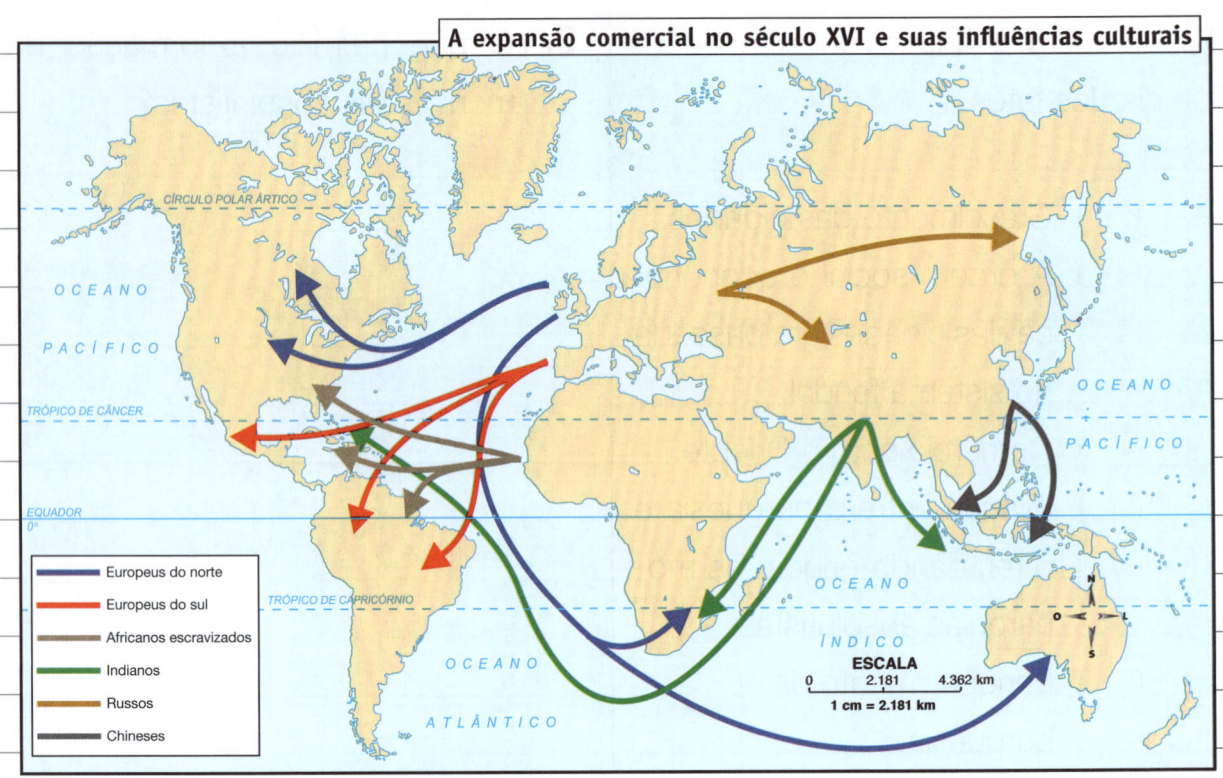

Fonte: *Atlas da história do mundo*. São Paulo: Folha de São Paulo, 1995.

4. Responda às questões a seguir.

a) Qual era o papel das monarquias absolutistas na exploração das colônias?

b) Por que as colônias interessavam às metrópoles?

5. Responda às questões a seguir.

a) Em que negócios Espanha e Portugal obtiveram sucesso?

b) Qual era a função da Holanda na empresa açucareira?

6. Como as metrópoles protegiam seus mercados?

> Transformações decorrentes da mudança de uma economia agrária, baseada no trabalho manual, para uma economia dominada pela indústria mecanizada:
> - declínio da terra como fonte de riqueza;
> - direcionamento da produção em grande escala para o mercado internacional;
> - afirmação do poder econômico da burguesia;
> - surgimento do operariado;
> - consolidação do capitalismo.

7. Complete as lacunas.

De todas as nações europeias, a _____ se _____ mais que as outras nesse período. Com uma articulação favorável apoiada pelo governo _____, algumas classes como a _____ e a pequena _____ se aliaram em torno do _____.

> **Revolução Industrial**
> De todas as nações europeias, a Inglaterra foi a que mais se modernizou nesse período. Com uma articulação favorável apoiada pelo governo monárquico, algumas classes como a burguesia e a pequena nobreza se aliavam em torno do mercantilismo. A acumulação de capital, estruturada numa nova ordem produtiva, desembocou na Revolução Industrial.
>
> **Revolução Industrial** – conjunto de transformações tecnológicas, econômicas e sociais iniciadas na Europa nos séculos XVIII e XIX, que resultaram na instalação do sistema fabril e na difusão do modo de produção capitalista.

8. Responda às questões a seguir.

a) Com a acumulação de capitais, surgiu na Inglaterra uma nova ordem produtiva. Como é conhecida essa nova ordem?

b) Caracterize a Revolução Industrial.

c) No que resultou a Revolução Industrial?

9. Relacione as colunas.

(1) economia agrária   ( ) economia dominada pela indústria mecanizada

(2) economia na Revolução Industrial   ( ) economia baseada no trabalho manual

10. Cite pelo menos quatro transformações decorrentes da mudança de uma economia agrária para uma economia industrializada.

3. A revolução da máquina

Enquanto a Inglaterra se modernizava, Portugal e Espanha investiam todo o seu capital na manutenção de suas colônias, mantendo suas estruturas produtivas estagnadas. Com isso, tiveram de importar produtos manufaturados com os lucros obtidos em suas colônias, e a maior parte do dinheiro acabou indo para a Inglaterra, que pôde, com o capital acumulado, dar início à Revolução Industrial.

Nasce, então, o capitalismo industrial, em que a produção é executada por máquinas, e os trabalhadores que as controlam são, além de mão de obra, consumidores da produção industrial.

1. Complete as lacunas.

Enquanto a _____ se modernizava, _____ e _____ investiam todo o seu _____ na manutenção de suas _____, mantendo suas estruturas produtivas _____.

2. Como a Inglaterra conseguiu acumular o capital necessário para a Revolução Industrial?

3. Responda às questões a seguir.

a) Como é executada a produção no capitalismo industrial?

b) O que os trabalhadores representam para os capitalistas?

População consumidora

A população como um todo passa a ser vista como consumidora em potencial mas, para que ela possa ter condição de consumo, precisa ter dinheiro. Assim, a nova ordem é que todos ganhem pelo trabalho que executam.

Portanto:

| TRABALHO ESCRAVO NAS COLÔNIAS | + | PAÍSES INDUSTRIA-LIZADOS PRECISAM DE MERCADO |

↓

PAÍSES INDUSTRIALIZADOS, PRINCIPALMENTE A INGLATERRA, PRESSIONAM PARA IMPOR TRABALHO ASSALARIADO EM COLÔNIAS COM MÃO DE OBRA ESCRAVA

4. Responda às questões a seguir.

a) Explique o trabalho assalariado.

b) Explique o trabalho escravo.

5. Tendo em vista as respostas da questão anterior, responda: por que os países industrializados, principalmente a Inglaterra, começaram a pressionar as colônias com mão de obra escrava?

Socialismo

As relações de trabalho se modificam no mundo inteiro, subordinadas à reprodução do capital.

Os trabalhadores passam a depender da divisão internacional do trabalho (DIT), que determina o salário, o tempo e as condições de trabalho. A partir daí surge a categoria "operário" e com ela o regime de exploração do trabalhador que, insatisfeito com as condições de trabalho, começa a se organizar e se manifestar por meio de movimentos sindicais. Além disso, surgem também manifestações intelectuais a favor das causas operárias, o socialismo e o comunismo.

Socialismo – constitui-se numa proposta de organização social na qual objetiva-se atingir o comunismo, estado social de igualdade econômica, social e política.

6. Responda às questões a seguir.

   a) A que estavam subordinadas as modificações das relações de trabalho?

   b) O que configura as condições de trabalho dos operários?

7. De que forma os operários se posicionavam em relação à exploração e às más condições de trabalho?

8. Responda às questões a seguir.

   a) Em qual sistema econômico vivemos?

   b) Explique sucintamente o socialismo.

As relações de desigualdade e injustiça que se estabeleceram entre os seres humanos reproduzem-se entre os países. Estabeleceram-se relações desiguais entre os países, relações essas pautadas no sistema capitalista. Como consequência uns países se desenvolveram mais que outros, o mundo passou a ser dividido entre países ricos e países pobres. No entanto, para entender as diferenças entre as nações, é preciso levar em conta as formas de desenvolvimento econômico, político, social e cultural do espaço em estudo.

9. Responda às questões a seguir.

a) Qual foi a grande divisão entre os países no mundo?

b) O que é preciso ser analisado quando se quer entender as diferenças entre as nações?

4. Divisão geográfica da América

O continente americano pode ser estudado pela sua divisão geográfica ou pela divisão cultural.

Divisão geográfica

Quando estudamos um mapa do continente americano, observamos três partes distintas:

- América do Norte – É a porção mais extensa do continente americano. Suas terras estão, politicamente, distribuídas pelo Canadá, Estados Unidos (EUA), México e Groenlândia que é um território semiautônomo da Dinamarca.
- América Central – Apesar de pouco extensa e cheia de ilhas, a América Central está dividida, politicamente, em muitos países. Em sua parte continental existem sete países: Guatemala, Belize, El Salvador, Honduras, Nicarágua, Costa Rica e Panamá. Já a América Central Insular é formada por dois conjuntos: o das Grandes Antilhas (cujos países são Cuba, Haiti, República Dominicana, Porto Rico e Jamaica) e o das Pequenas Antilhas (onde se encontram países como Antígua, Barbados, Dominica, Granada, São Cristóvão e Névis, Santa Lúcia, São Vicente e Trinidad e Tobago).
- América do Sul – É formada por doze países, mais a Guiana Francesa que pertence à França. Além do Brasil, os outros países da América do Sul são: Argentina, Bolívia, Chile, Colômbia, Equador, Guiana, Paraguai, Peru, Suriname, Uruguai e Venezuela.

Fonte: Atlas geográfico escolar. 5.ed. Rio de Janeiro: IBGE, 2009.

Divisão cultural da América

Culturalmente, o continente americano está dividido em duas grandes partes: a América Anglo-Saxônica e a América Latina.

Povos anglo-saxônicos, como os ingleses, colonizaram os Estados Unidos e a maior parte do Canadá, na América do Norte. É por essa razão que esses dois países representam a chamada América Anglo-Saxônica.

O restante do continente americano, que foi colonizado predominantemente por povos latinos, principalmente espanhóis e portugueses, é chamado América Latina.

Fonte: *Atlas da história do mundo*. São Paulo: Folha de São Paulo, 1995.
Observação: A divisão das Américas em Anglo-Saxônica e Latina foi baseada na conquista dos territórios e na língua oficial.

América Latina
- Mais populosa.
- Mais povoada.
- Economia baseada em agropecuária, exportação de minérios e indústrias manufatureiras em sua maioria.
- Economicamente subdesenvolvida (com exceção de países como Brasil e México, considerados em desenvolvimento).

América Anglo-Saxônica
- Economia industrial com grande avanço tecnológico.
- Economicamente desenvolvida.

1. Observe o mapa "América - Divisão cultural" e responda às questões a seguir.

a) Quais são os países que compõem a América Anglo-Saxônica?

b) Quais são os países da América do Sul que fazem parte da América Latina?

c) Cite cinco países da América Central que fazem parte da América Latina.

2. Associe as colunas pela colonização.

(1) franceses e ingleses

(2) portugueses e espanhóis

(   ) Brasil, México, Venezuela, Equador

(   ) Estados Unidos e Canadá

3. Compare a América Anglo-Saxônica e a América Latina quanto:

a) à população.

b) ao grau de desenvolvimento.

4. Complete a legenda do mapa abaixo, relacionando os territórios americanos aos respectivos colonizadores.

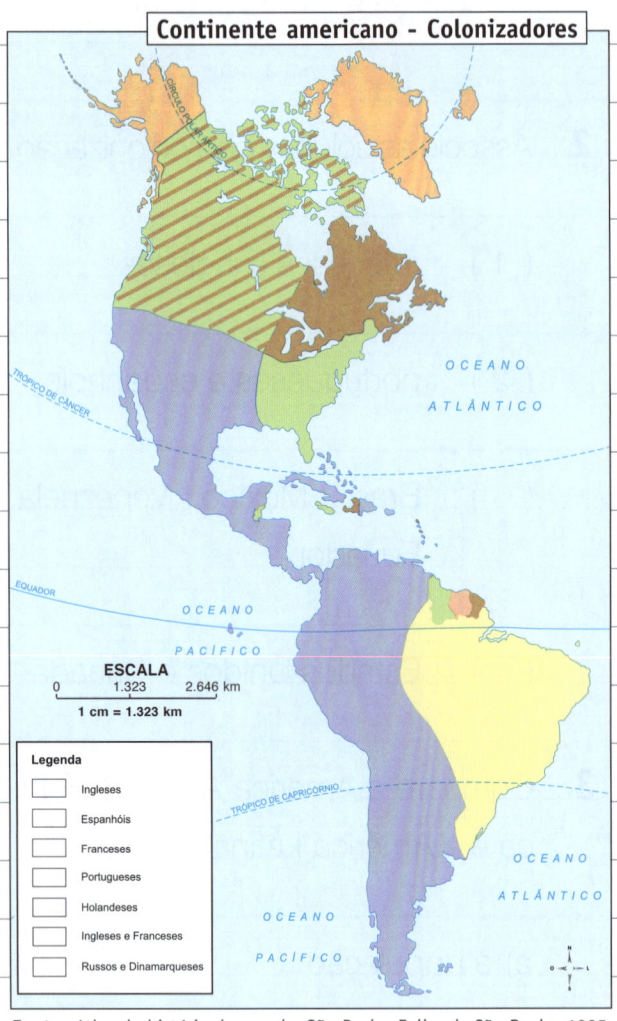

Fonte: *Atlas da história do mundo*. São Paulo: Folha de São Paulo, 1995.

5. Caracterize a economia da:

a) América Latina.

b) América Anglo-Saxônica.

A colonização espanhola

Os colonizadores espanhóis deslocavam-se para a América à procura de ouro e prata. Desde o início, os espanhóis exploraram as riquezas dos indígenas e do território americano. Sua função foi apenas pilhar o tesouro indígena com a ajuda dos jesuítas que, pela imposição de novos hábitos religiosos, desarticulavam a vida socioeconômica dos povos americanos.

A colonização portuguesa

A partir de 1530, ao perder o comércio oriental, Portugal voltou-se para a exploração do Brasil. A grande preocupação portuguesa não era montar um sistema produtor nas colônias, e sim apropriar-se das riquezas que se pudessem dali extrair. Não havia interesse de colonizar com ocupação do território.

A colonização inglesa

Ao contrário de portugueses e espanhóis, os ingleses vieram para se estabelecer na América, eram famílias imigrantes perseguidas pelo Estado e pela Igreja. Como eram perseguidos, queriam fundar uma nova pátria, reproduzindo o modo de vida praticado na Europa.

6. Complete as lacunas.

a) Os _____ espanhóis deslocavam-se para a _____ à procura de ouro e _____. Os espanhóis exploraram as riquezas dos _____ e do _____.

b) A partir de _____, ao perder o comércio com o _____, Portugal voltou-se para a _____ do Brasil. Não havia interesse de colonização.

7. Responda às questões a seguir.

a) De que forma atuaram os jesuítas na exploração das Américas espanhola e portuguesa?

b) Por que se pode dizer que nas Américas espanhola e portuguesa não havia interesse de colonização e sim de exploração?

8. Associe as colunas pela colonização.

(1)   colonização espanhola e portuguesa

(2)   colonização inglesa

(   )   grande procura de ouro e prata

(   )   imigração de famílias

(   )   presença de jesuítas

(   )   grande interesse na exploração da colônia

(   )   fundação de uma nova pátria

9. Que tipo de pessoas se estabeleceu na colônia inglesa?

10. Compare o modo de colonização português e espanhol com o inglês.

5. O povo americano

Os portugueses e os espanhóis foram os primeiros europeus a fazerem um acordo para dividir e explorar as Américas, tendo, no Tratado de Tordesilhas de 1494, o respaldo para a divisão de terras.

Os espanhóis foram se concentrando a oeste do Meridiano de Tordesilhas, onde se encontravam os metais preciosos.

Os portugueses, fixados na parte oriental da América do Sul, definiram sua área de dominação pela exploração da madeira e do sistema de *plantation*.

> **Plantation** – grandes plantações; palavra que designa a agricultura voltada para a exportação, de características monocultoras e latifundiárias.

Fonte: *Atlas da história do mundo*. São Paulo: Folha de São Paulo, 1995.

Os ingleses e os franceses foram se concentrando no território norte-americano, onde se estabeleceram numa colonização de povoamento.

Devido à ocupação de diferentes povos na América, ela foi dividida em América Anglo-Saxônica e América Latina, marcando a diferença cultural e o grau de desenvolvimento socioeconômico das regiões.

1. Quais foram os dois países participantes do Tratado de Tordesilhas?

2. Responda às questões a seguir.

a) Qual foi a base econômica na colônia espanhola?

b) No que se fundamentou a economia da colônia portuguesa?

b) América Platina

5. Pesquise em livros e na internet cinco povos predominantes na formação do povo norte-americano. Escreva-os a seguir.

3. Quais são as grandes diferenças entre a América Anglo-Saxônica e a América Latina?

4. Cite os países que formam a:

a) América Andina

Primeiro povoamento americano

É importante destacar a presença dos ameríndios, ou povos pré-colombianos, na formação e desenvolvimento das Américas.

Esses povos foram lentamente escravizados ou simplesmente dizimados pelos colonizadores. E, quando aculturados pela imposição civilizatória dos brancos, eram marginalizados pela sociedade.

Sua origem ainda é desconhecida, mas existem diversas teorias que tratam do assunto.

Índios apaches.

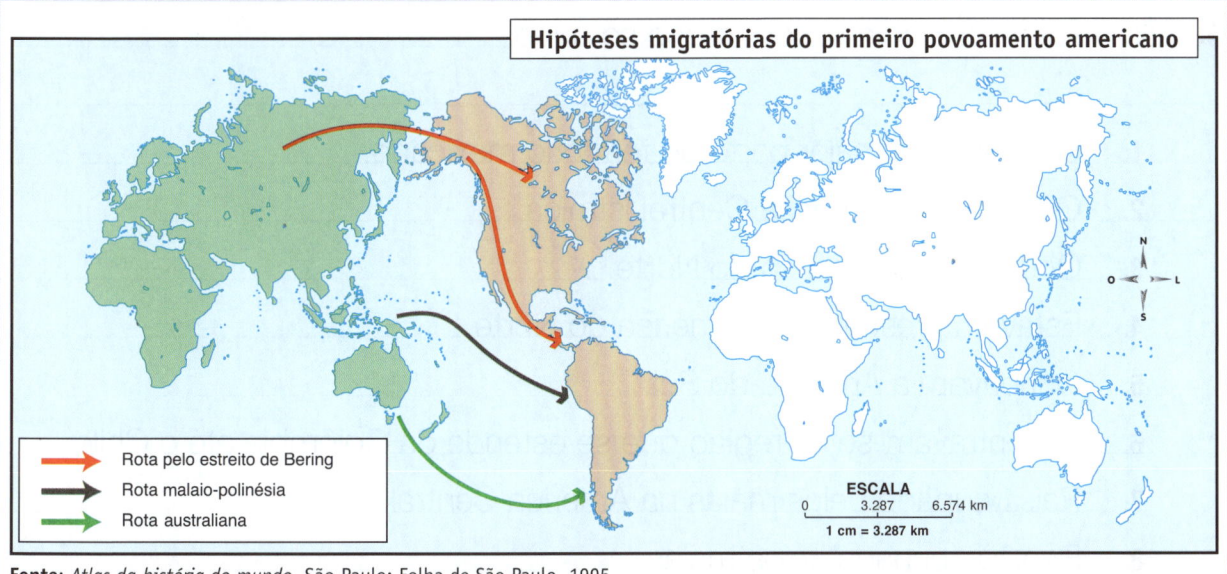

Fonte: *Atlas da história do mundo*. São Paulo: Folha de São Paulo, 1995.

| DISTRIBUIÇÃO DOS POVOS PRÉ-COLOMBIANOS ||
Origem	País ou região ocupada
Maias	América Central ístmica (Honduras até sul do México) América do Norte (região de Iucatã)
Astecas	maior parte do território mexicano
Incas	América do Sul (Colômbia até Chile)
Tupis-guaranis	América do Sul
Caraíbas	América do Sul
Cheroquis	América do Norte
Pueblos	América do Norte

6. Como são conhecidos os povos que viviam na América antes da chegada dos europeus?

7. Complete as lacunas.

Os _____ americanos foram _____ lentamente _____ ou simplesmente dizimados pelos _____. Quando _____ pela imposição civilizatória dos _____, eram _____ pela sociedade.

8. Complete a cruzadinha com o que se pede.

1. Ocupavam a maior parte do território mexicano.
2. Ocupavam a América Central ístmica.
3. Ocupavam a América do Norte.
4. Estavam presentes na América do Norte.
5. Ocupavam a América do Sul.
6. Encontravam-se na região que se estende da Colômbia até o Chile.
7. País ocupado pelos maias na América Central.
8. Região ocupada pelos maias.
9. País em que se encontrava o povo Maia na América do Norte.

1. A _ _ _ _ _ _
2. M _ _ _ _
3. _ _ E _ _ _ _
4. _ _ _ R _ _ _ _ _
5. _ _ _ _ Í _ _ _
6. _ _ N _ _ _
7. _ _ _ D _ _ _ _
8. _ _ I _ _ _ _
9. _ _ _ _ _ _ O _

6. O relevo, os grandes rios e os lagos norte-americanos

Fonte: *Atlas geográfico escolar*. Rio de Janeiro: IBGE, 2009.

A formação dos Estados Unidos teve início com o estabelecimento de colônias de imigrantes ingleses no nordeste do território, nas vizinhanças do oceano Atlântico. Depois, estabeleceram-se ao norte e ao sul e, em último lugar, pensou-se na "conquista do oeste".

1. Observe o mapa da página anterior e complete as frases com as palavras do quadro a seguir.

> lacustre – Montanhas Rochosas
> Estados Unidos – Ocidental – planície
> Bacia – norte – México – planalto

a) Um conjunto de montanhas elevadas caracteriza a parte oeste da América do Norte, desde o Alasca até o México. Esse conjunto recebe o nome de _____, e tem uma extensão aproximada de 5.000 km.

b) No lado oeste das montanhas encontram-se planaltos, vales e bacias. Como exemplos, podemos citar:
- o Planalto da Grande _____ – onde estão alojados o Grande Lago Salgado e o Vale da Morte, uma depressão absoluta situada 84 metros abaixo do nível do mar.
- o _____ do Colorado – onde o rio Colorado modelou, em terrenos arenito-calcários, um imenso vale em garganta: o Grand Canyon.
- o planalto da Colúmbia – alongamento que caracteriza o _____ dos Estados Unidos e penetra pelo território canadense.

c) No _____, as montanhas de grandes altitudes aparecem desdobradas em Sierras Madres Oriental, Ocidental e do Sul.

d) Entre as Sierras Madres _____ e Oriental está localizado o planalto do México.

e) Na parte leste dos _____ e do Canadá encontramos montanhas antigas, muito desgastadas pela erosão, representadas pelos montes Apalaches. Constituem velhos dobramentos da era Paleozoica, o que explica o rebaixamento de suas formas, onde as maiores altitudes raramente superam 2.000 metros. Aparecem relativamente paralelos à Costa Atlântica, estando separados do oceano por uma imensa _____ costeira, que se apresenta mais larga na parte sul.

f) Na porção meridional do planalto Laurenciano aloja-se o mais importante complexo _____ do mundo – os Grandes Lagos.

2. Pesquise no mapa e dê a localização e a altitude das três principais elevações do relevo norte-americano.

a) Monte Mckinley –

b) Monte Logan –

c) Vulcão Citlaltépetl –

3. Compare o mapa da página 27 com o perfil topográfico do relevo norte-americano e complete as frases a seguir.

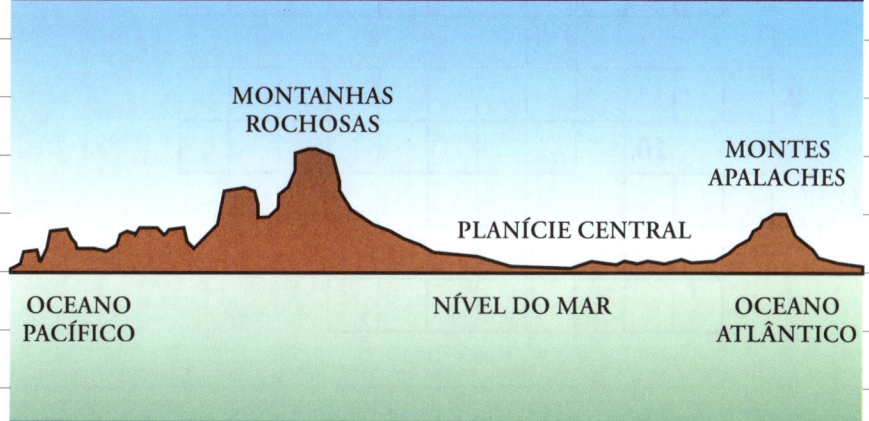

a) Na área central do Canadá e dos Estados Unidos, acompanhando as linhas das bacias hidrográficas dos rios Mackenzie e Mississippi, temos um importante sistema sedimentar caracterizado pelas _____ Centrais. Suas altitudes são muito variáveis, sendo mais baixas entre o médio e o baixo curso do rio Mississippi, com menos de 200 metros, onde a planície abre-se num imenso leque voltado para o Golfo do México.

b) Por apresentarem solos férteis, topografia regular e imensa rede de drenagem, as Planícies _____ se constituem em uma das mais importantes regiões _____ do mundo.

> A hidrografia da América do Norte, influenciada pela disposição do relevo, tem nas Montanhas Rochosas, nos montes Apalaches, nas Sierras Madres e no planalto do Labrador os principais dispersores fluviais.
>
> Os rios são alimentados tanto pelas chuvas quanto pelo derretimento da neve, dependendo da posição geográfica da região e da sua altitude.

4. Complete a cruzadinha a seguir.

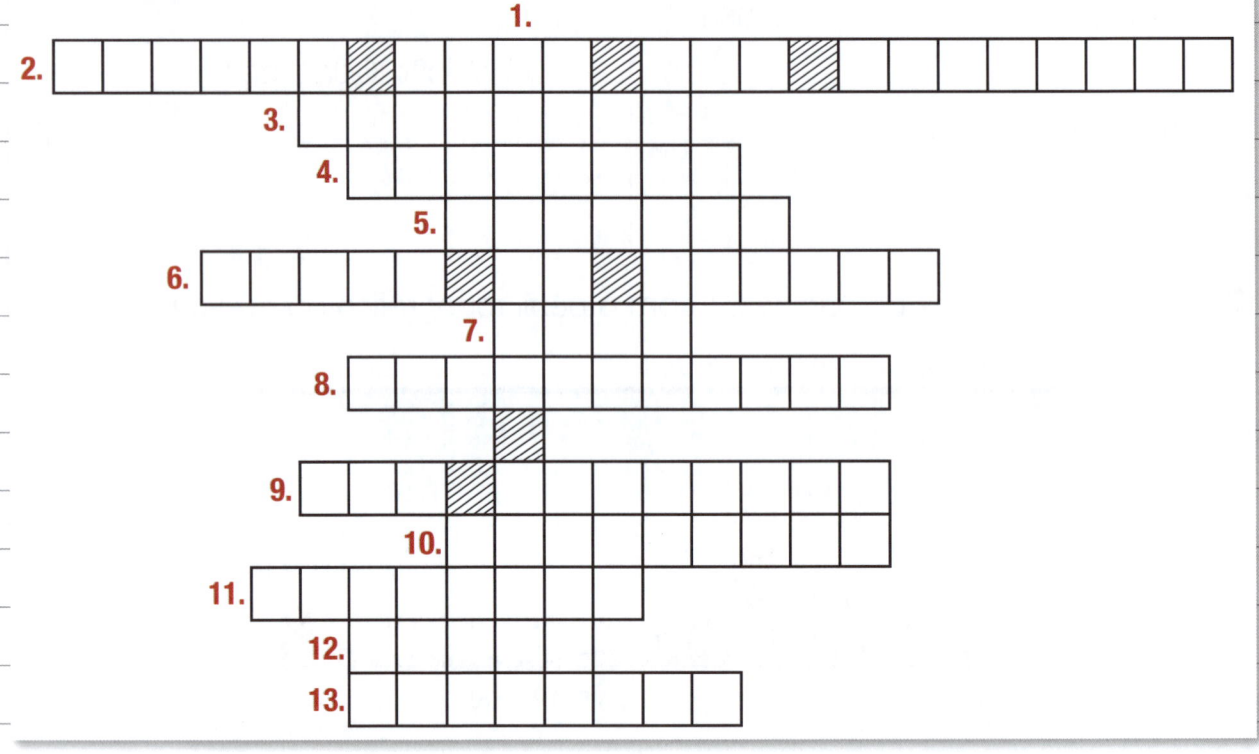

1. Maior conjunto lacustre do mundo, que limita as terras dos Estados Unidos e Canadá.

2. Lago do oeste canadense onde nasce o rio Mackenzie.

3. Lago mais setentrional do conjunto dos Grandes Lagos.

4. Afluente do rio Mississippi, que nasce nas Montanhas Rochosas.

5. Grande Lago onde nasce o rio São Lourenço.

6. Formação geográfica onde deságua o rio Mississippi.

7. Lago mais meridional do conjunto dos Grandes Lagos.

8. Rio com a maior bacia fluvial da América do Norte; alojado na parte central do território, no sentido dos meridianos, tendo a sua nascente próxima do Lago Superior e sua foz no Golfo do México. É importante via de comunicação, assentada em uma das mais destacadas regiões agrícolas do mundo.

9. Rio dos mais navegados do mundo; faz o contato dos Grandes Lagos com o oceano Atlântico. Sua importância é vital para a economia norte-americana, pois coloca a maior região industrial do mundo (nordeste dos Estados Unidos e sudeste do Canadá) em contato com outros países.

10. Rio canadense que nasce no Grande Lago dos Escravos e corre para o norte, desaguando no Ártico.

11. Lago do maior conjunto lacustre do mundo.

12. Grande Lago localizado no conjunto que faz a fronteira Estados Unidos - Canadá.

13. O mais importante afluente do Mississippi, que nasce nas Montanhas Rochosas, próximo à fronteira com o Canadá.

5. Observe o mapa da página 27 e faça a correspondência entre o acidente geográfico e suas características.

(a) Planície Central
(b) Rios Mackenzie e Yukon
(c) Rios Churchill e Nelson
(d) Rio Grande
(e) Rios Colúmbia, Sacramento e Colorado
(f) Grand Canyon

( ) Rios canadenses que deságuam na baía de Hudson.
( ) Tipo de relevo atravessado pelo rio Mississippi.
( ) Paisagem típica do estado do Arizona (Estados Unidos), formada ao longo de milhares de anos pela ação da erosão dos rios pertencentes à bacia do Colorado.
( ) Rio canadense e rio que atravessa o Alasca. Ambos correm no sentido sul-norte e deságuam no Ártico.
( ) Rios de cursos mais irregulares, em vista dos acidentes do relevo, que desembocam no Pacífico.
( ) Rio também denominado Bravo del Norte, importante por banhar uma região de clima árido, que estabelece fronteira entre Estados Unidos e México.

6. Observe o mapa e complete as frases com as palavras do quadro a seguir.

> Golfo do México – Atlântico – centrais Rochosas – oriental – Lourenço

a) Poderíamos classificar a rede hidrográfica da América do Norte em duas vertentes:
- oriental – os rios que se dirigem para o _____.
- ocidental – os rios que correm para o Pacífico, separados, naturalmente, pelas Montanhas _____.

b) Os rios da vertente _____ são muito mais importantes economicamente.

c) Basta lembrar do rio São _____ que, mesmo tendo suas águas congeladas de dezembro a abril, ainda é o sistema de navegação fluvial-lacustre mais navegado do mundo, servindo ao interior do continente e escoando os produtos da região intensamente industrializada dos Estados Unidos e Canadá.

d) O sistema hidrográfico Mississippi-Missouri, composto por dois cursos de maior importância na bacia, alcança uma extensão de 6.800 km antes de desaguar no _____.

e) As planícies _____ se beneficiam desse regime, proporcionando aos norte-americanos o desenvolvimento da mais importante área agrícola do planeta. O mercado mundial de alimentos é dominado pelos Estados Unidos que, assim, adquirem poder sobre outros países.

7. Responda às questões a seguir.

a) Em quais tipos de clima pode ocorrer o congelamento de rios e lagos?

b) Dê exemplos de rios e lagos norte-americanos de regiões com clima frio e polar.

c) Dê exemplos de rios e lagos norte-americanos de regiões com clima temperado e subtropical.

7. América Central, terra e água

Constituída pelas Grandes e Pequenas Antilhas, a América Central Insular está localizada predominantemente na zona intertropical do globo. Somente uma parte das Bahamas encontra-se na faixa temperada norte.

A América Central apresenta um relevo formado de montanhas intercaladas por estreitas planícies. Assim como na parte continental, o trecho insular é marcado pela instabilidade geológica de seus terrenos. A hidrografia é pobre, caracterizada por rios de pequena extensão.

Toda a América Central, tanto ístmica quanto insular, é marcada pela presença de abalos sísmicos. Isso ocorre porque ela está localizada próximo às zonas de limite entre as placas tectônicas.

Além disso, a origem de boa parte desse território é vulcânica, principalmente as ilhas, o que dá à região um traço peculiar.

> *Abalos sísmicos* – *terremotos; tremores de terra.*
> *Insular* – *referente a ilha.*
> *Istmo* – *faixa estreita de terra que une duas porções continentais.*

Fonte: *Atlas geográfico*. São Paulo: Melhoramentos, 2002.

Fonte: *Atlas geográfico*. São Paulo: Melhoramentos, 2002.

1. Complete as frases a seguir.

a) Na parte ístmica do continente centro destacam-se montanhas elevadas na porção _____, onde é comum a presença de vulcões e, consequentemente, de erupções e abalos _____.

b) Essa cadeia é mais elevada entre a _____ e a Nicarágua, suavizando-se em direção ao Panamá.

c) Um segundo sistema montanhoso estende-se do sul da Nicarágua às proximidades da Colômbia, na _____.

d) Na porção insular podemos encontrar características geológicas semelhantes ao _____, já que as Grandes e Pequenas _____ fazem parte do mesmo sistema montanhoso, do Período Terciário, formador das cadeias elevadas _____.

2. Compare o perfil topográfico longitudinal do relevo centro-americano com os mapas e responda às questões a seguir.

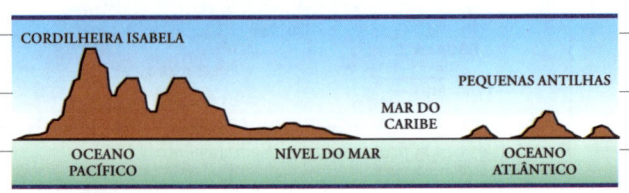

a) Em que país fica a cordilheira Isabela?

b) Acompanhando a linha horizontal do perfil nos mapas, descubra qual é o país das Pequenas Antilhas cujo relevo está representado.

Hidrografia

Apesar de a América Central estar localizada numa região intertropical e ser, por isso mesmo, bem regada por chuvas, a conformação do relevo, a extensão geográfica e a configuração do continente impedem a existência de rios de destaque.

Apenas os rios que têm seus cursos voltados para leste é que são mais bem aproveitados. Desses, os que mais se destacam são: o **rio Coco**, na Nicarágua, e o **San Juan**, na divisa com a Costa Rica, que liga o lago de Nicarágua ao mar do Caribe.

Das paisagens lacustres, podemos citar os lagos de **Nicarágua** e **Manágua**, localizados na Nicarágua, e o **lago de Isabal**, localizado na Guatemala.

3. Leia o texto e complete o diagrama a seguir.

1. Rio de destaque na Nicarágua.
2. Direção dos rios mais bem aproveitados na América Central.
3. Rio que liga o lago de Nicarágua ao mar do Caribe, na divisa da Nicarágua com a Costa Rica.
4. Zona climática onde está localizada a América Central.
5. Importante lago da Nicarágua, nascente do rio San Juan.
6. Lago nicaraguense próximo à capital do país.
7. Lago guatemalteco próximo ao mar do Caribe.

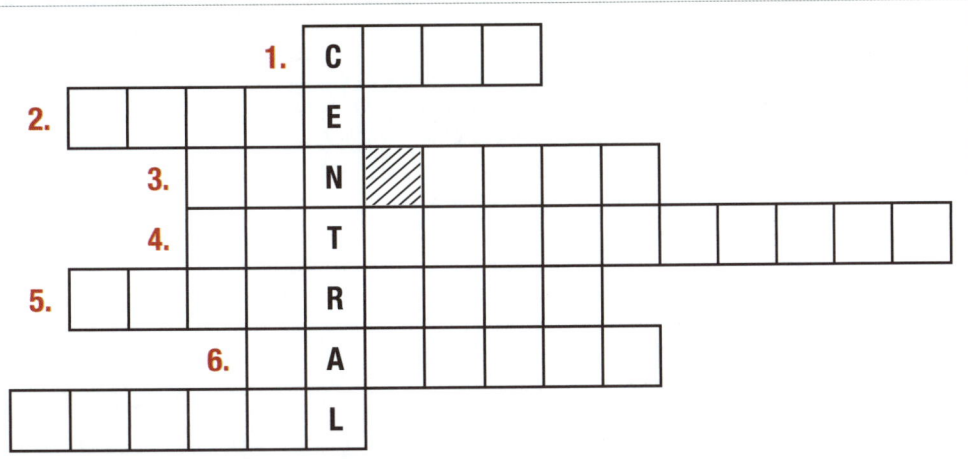

Canal do Panamá

No istmo do Panamá, para ligar os oceanos Atlântico e Pacífico, para o transporte de cargas, construiu-se, entre 1904 e 1914, o canal do Panamá. Embora situada em território panamenho, a chamada Zona do Canal, formada pelas suas duas margens, foi de propriedade dos Estados Unidos que executaram a obra.

Essa faixa de terra mede aproximadamente 80 km de comprimento por 8 km de largura em cada lado do canal e foi devolvida ao Panamá no ano 2000. No entanto, será protegida pelos Estados Unidos, a fim de garantir sua neutralidade.

O projeto do canal do Panamá foi desenvolvido pelo francês Ferdinand de Lesseps, o mesmo que construiu o canal de Suez.

Trata-se de importante região geoestratégica.

Como é a travessia do canal do Panamá

A travessia é feita do Atlântico para o Pacífico e vice-versa. Os navios passam por comportas onde a água funciona como um elevador, que sobe e desce, ajustando o nível dos oceanos ao do lago de Gatún.

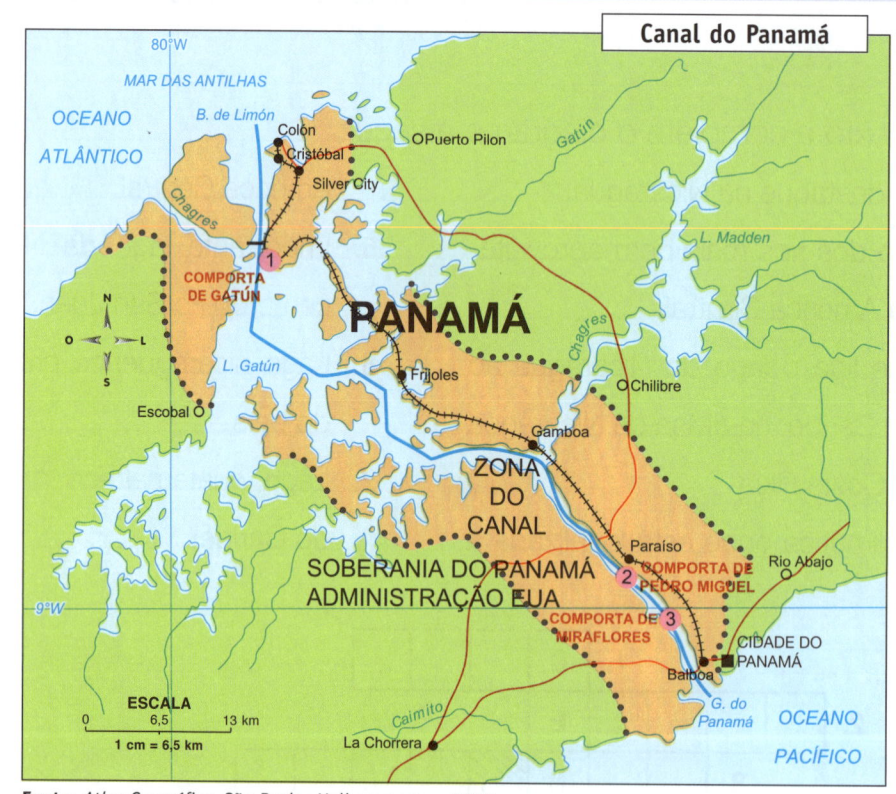

Fonte: *Atlas Geográfico*. São Paulo: Melhoramentos, 2002.

1 Comporta de Gatún: elevação de 26 metros acima do nível do mar.
2 Comporta de Pedro Miguel: 1ª etapa – descida de 10 metros em relação ao lago.
3 Comporta de Miraflores: 2ª etapa – descida final até o nível do Oceano Pacífico.
v Tempo médio de travessia: 16 a 20 horas.
km Distância percorrida: 80 km.

Fonte: *Almanaque Abril*, 1996.

Ao iniciar a travessia do canal do Panamá, indo do Atlântico para o Pacífico, o navio entra na comporta de Gatún, onde o nível da água ainda é igual ao do oceano Atlântico.

Os portões de Gatún são fechados e as válvulas de enchimento, abertas. A água flui por gravidade do lago de Gatún para a comporta, através de poços no piso, até atingir o nível do lago de Gatún.

No nível do lago, as válvulas são fechadas, os portões superiores abertos e o navio atravessa o lago até a comporta de Pedro Miguel. Ali começa o processo inverso de descida até o nível do Pacífico.

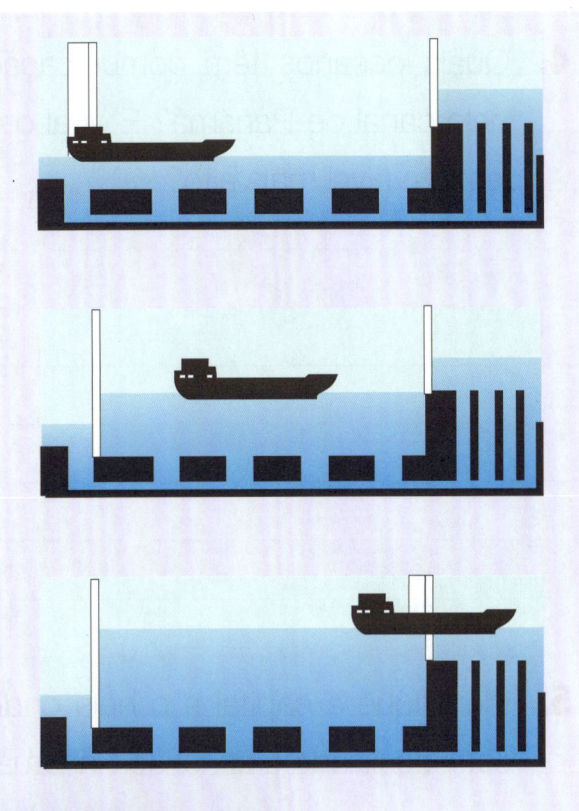

O canal do Panamá é uma das maiores obras de engenharia do mundo.

4. Quais oceanos têm comunicação pelo canal do Panamá? E qual deles tem nível mais alto?

5. Identifique a capital e o país onde está localizado o canal do Panamá.

6. Identifique o país que construiu e o autor do projeto do canal do Panamá.

7. Quais são as dimensões geográficas da Zona do Canal e do canal Panamá?

8. Qual é a situação política da Zona do Canal do Panamá?

8. O relevo e os grandes rios da América do Sul

América do Sul - Físico

Altitudes
- Mais de 4.000 m
- 2.000 a 4.000 m
- 1.000 a 2.000 m
- 400 a 1.000 m
- 200 a 400 m
- 0 a 200 m
- ▲ Picos

ESCALA: 0 — 422 — 844 km; 1 cm = 422 km

Fonte: *Atlas geográfico escolar*. Rio de Janeiro, IBGE: 2009.

Você já pensou sobre a diversidade do relevo e do potencial hídrico da América do Sul? São mais de 17.000.000 km² de montanhas, altiplanos, planaltos e enormes vastidões de terras baixas e planícies marcadas por extensa rede hidrográfica.

Do istmo do Panamá à Terra do Fogo estende-se o território sul-americano.

A cordilheira que se ergue ao longo da costa ocidental do continente contém vários vulcões ainda ativos que, às vezes, provocam terremotos.

1. Compare o mapa físico com o mapa político da América do Sul (capítulo 4) e identifique os países onde se encontram os principais vulcões.

   Chimborazo –

   Huascarán –

   Cotopaxi –

2. Compare o mapa físico com o perfil topográfico longitudinal do relevo da América do Sul, abaixo, e complete as frases com as palavras do quadro a seguir.

   planaltos – Brasil – Argentina
   Andes – sísmicos – hidrográficas
   vulcânicas – elevadas – Aconcágua

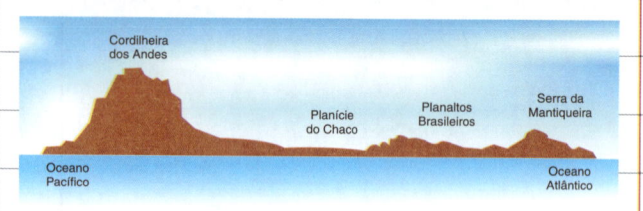

   a) A cordilheira dos _____, com aproximadamente 7.500 km de extensão, está localizada na parte oeste do continente, sendo formada por uma imensa cadeia de montanhas paralelas, onde se intercalam planaltos elevados (altiplanos) e vales.

   b) A juventude dos terrenos andinos provoca grande instabilidade tectônica, daí serem frequentes em seus domínios os abalos _____ e as erupções _____.

   Tectônica – *relativo às deformações da crosta, por ação dos agentes da dinâmica interna da Terra.*

   c) No Equador, por exemplo, localiza-se uma das mais importantes paisagens vulcânicas do globo num contraste impressionante com as neves eternas que aparecem nas suas partes mais _____.

   d) O monte _____, com 7.000m, localizado na fronteira entre o Chile e a Argentina, é o ponto culminante não só da cordilheira dos Andes, mas de toda a América.

   e) Na porção leste do continente acham-se _____ de altitudes modestas, muito desgastados, por serem de estrutura geológica antiga.

Essas formações raramente ultrapassam 1.000 metros de altitude, entre elas, podemos destacar os planaltos do _____, e o planalto da Patagônia.

f) Dentre as planícies que aparecem na parte central do continente, podemos destacar as planícies do Pantanal no Brasil e dos Pampas na _____.

g) Trata-se de um relevo baixo, com altitudes inferiores a 200 metros, no qual se alojam importantes bacias _____.

> **Rios sul-americanos**
>
> Devido à disposição do relevo, os rios sul-americanos são, na maioria, tributários do Atlântico. Têm nos Andes e nas elevações planálticas de leste seus principais dispersores e são, em geral, alimentados pelas chuvas, em razão da influência da tropicalidade.

3. Observe o mapa e complete as palavras cruzadas a seguir.

Horizontais

1. Rio argentino, importante por atravessar uma região semiárida no limite norte do planalto da Patagônia.
2. Rio que banha as terras da Argentina, do Paraguai e do Brasil.
3. Rio em cujo estuário desemboca o rio Paraná.

> **Estuário** – desaguadouro; lugar em que um rio se lança ao mar; tipo de foz em que um rio se abre apenas por uma saída; contrário de delta.

4. Rio navegável que banha as terras do Brasil, da Bolívia, do Paraguai e da Argentina, desaguando no rio Paraná.
5. Região brasileira abastecida pela energia elétrica gerada em Itaipu.
6. Lago situado a 3.812 metros de altitude, na fronteira da Bolívia com o Peru.
7. Hidrovia que interliga importantes regiões de produção e consumo de variados itens agropastoris, minerais e industriais, barateando os custos de transporte entre os países do Mercosul.

Verticais

1. Principal rio da maior bacia hidrográfica do mundo.
2. Rio que banha as terras do Brasil, do Uruguai e da Argentina, unindo-se ao rio Paraná junto ao estuário do Prata.
3. Extenso lago da Venezuela.

4. Localize no mapa o importante rio que atravessa os lhanos da Colômbia e da Venezuela, desaguando na Baía Grande – oceano Atlântico.

5. Localize o rio inteiramente brasileiro que atravessa uma região tropical semiárida, mantendo-se perene, e deságua no Atlântico, em Alagoas.

6. Identifique no mapa o ponto mais elevado do continente americano, e dê a sua localização.

7. Identifique o ponto mais elevado do Brasil e dê sua localização.

8. De acordo com o relevo da América do Sul e com o da América do Norte, faça a correspondência a seguir.

montanhas   parte leste

planaltos   parte central

planícies   parte oeste

9. A América do Sul apresenta dois desertos. Consulte o mapa e faça a correspondência para indicar suas localizações.

(a) Deserto de Atacama.

(b) Deserto da Patagônia.

( ) Sul da Argentina.

( ) Norte do Chile.

10. Pesquise em livros, revistas e internet e compare os mapas físico e político da América e responda às questões a seguir.

a) Por quais países estende-se a planície Amazônica?

b) Por quais países estende-se a cordilheira dos Andes?

c) Dê dois exemplos de rios que nascem na cordilheira dos Andes.

d) Quais são os principais rios que formam a bacia do Prata ou Platina?

9. Os contrastes naturais nas Américas

Atravessada pela linha do Equador, pelos dois trópicos e pelo Círculo Polar Ártico, a América apresenta terras em todas as regiões climáticas do globo.

O relevo, heterogêneo quanto à altitude, provoca, porém, alterações surpreendentes como o fato de podermos encontrar, em plena região intertropical, climas frios como os que aparecem na parte oeste da América do Sul em virtude das grandes elevações da cordilheira dos Andes.

A própria disposição do relevo forma imensos corredores no sentido norte–sul, possibilitando o deslocamento de massas de ar frio pelo território, como a Massa Polar Ártica e a Massa Polar Antártica ou Atlântica, que atuam, respectivamente, nas Américas do Norte e do Sul, principalmente nos períodos de inverno.

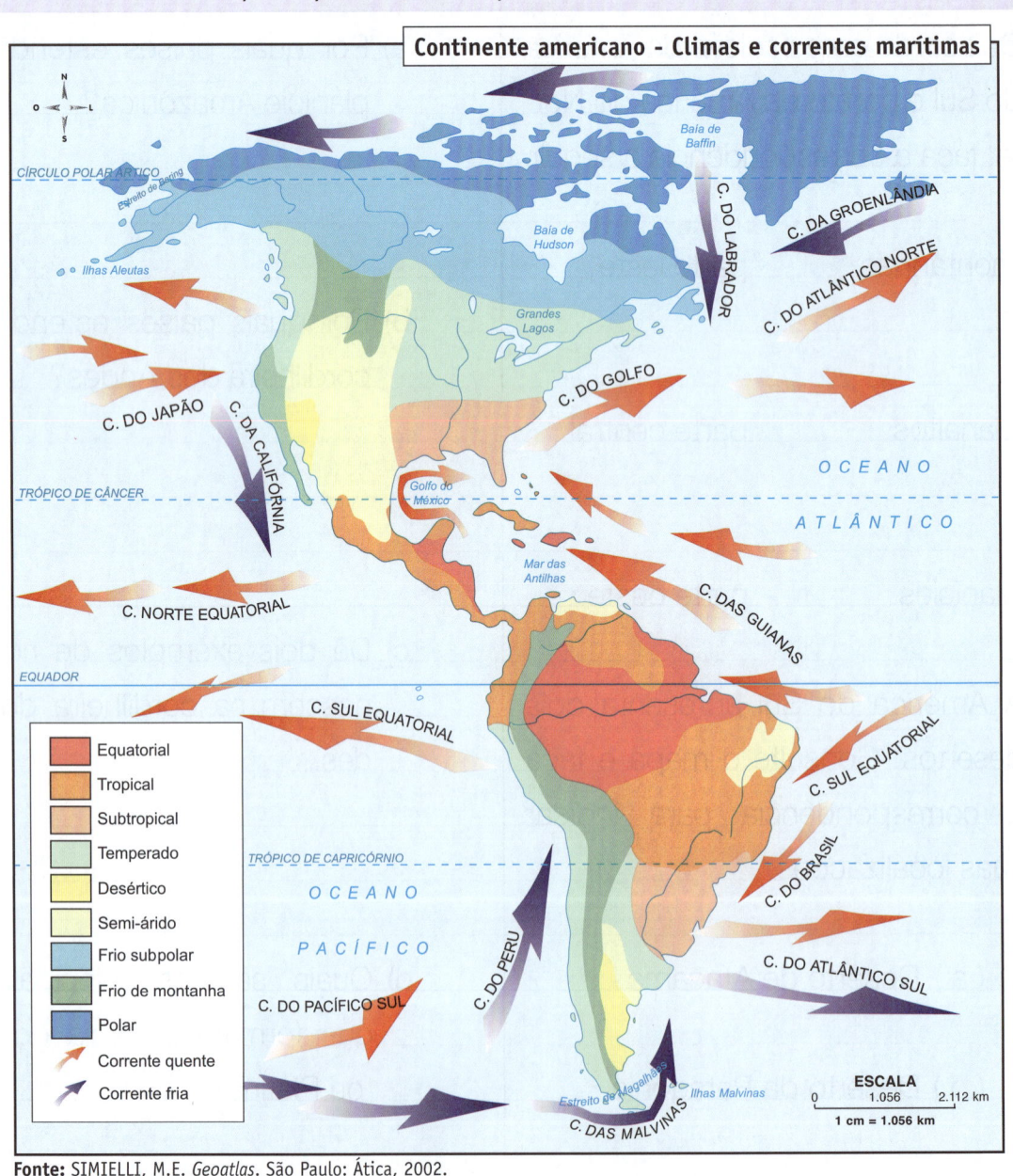

Continente americano - Climas e correntes marítimas

Fonte: SIMIELLI, M.E. *Geoatlas*. São Paulo: Ática, 2002.

El Niño e La Niña

O clima do continente americano sofre a influência exercida em grande parte pelos fenômenos **El Niño** e **La Niña**. O primeiro provoca aquecimento anormal das águas equatoriais do oceano Pacífico. O segundo tem efeito inverso, resfria de forma anormal as águas equatoriais do Pacífico. O resultado de tudo isso se manifesta com chuvas torrenciais em algumas regiões e seca prolongada em outras.

1. Observando o mapa, faça a correspondência entre a corrente marinha e sua influência no clima do continente americano.

(a) Corrente do Labrador

(b) Corrente de Humboldt ou do Peru

(c) Corrente do Golfo

(d) Corrente da Califórnia

Pluviosidade – *que diz respeito às chuvas.*

(   ) (quente), nas Américas do Norte e Central – importante por tornar mais úmido o clima da região costeira do Golfo do México e por aquecer a parte meridional dos Estados Unidos.

(   ) (fria), na América do Sul – responsável pela aridez dos litorais peruano e chileno.

(   ) (fria), na América do Norte – capaz de resfriar toda a costa leste do Canadá e nordeste dos Estados Unidos, tornando seus invernos mais rigorosos.

(   ) (fria), na América do Norte – responsável pela pluviosidade observada na costa oeste dos Estados Unidos e pela aridez do interior.

Paisagens vegetais

As paisagens vegetais distribuem-se pela superfície terrestre, obedecendo a alguns critérios físicos básicos impostos pela natureza. São eles:

- características térmicas do clima;
- pluviosidade;
- periodicidade da luz solar;
- fertilidade do solo.

Como no continente americano os climas são muito variados, as temperaturas e as pluviosidades diferentes criam condições especiais à formação de paisagens heterogêneas.

Heterogêneas – *variadas; diferentes; de gêneros ou espécies diferentes.*

Continente americano - Domínios de vegetação original

Legenda:
- Tundra
- Floresta fria ou boreal
- Floresta temperada
- Formações herbáceas
- Formações de regiões semiáridas
- Formações desérticas
- Savana (vegetação arbustiva)
- Floresta equatorial, tropical e subtropical
- Vegetação de montanha

ESCALA
0   1.217   2.434 km
1 cm = 1.217 km

Fonte: SIMIELLI, M.E. *Geoatlas.* São Paulo: Ática, 2002.

2. Complete as frases com as palavras do quadro a seguir.

> frio – equatorial – Estados Unidos
> quente – Canadá – semiárido

a) Podemos observar, numa região de clima _____ e chuvas abundantes como a Amazônia, uma floresta extremamente densa. Em contrapartida, no oeste dos Estados Unidos, os climas áridos estão associados a paisagens pobres e ralas.

Ralas – *pouco espessas; raras.*

b) O clima predominante na América do Norte é o temperado, que se apresenta subdividido em oceânico e continental. Os dois são encontrados nos _____ e no _____.

c) O clima _____ pode ser dividido em subpolar e de montanha. É típico do extremo norte do continente e abrange terras do Canadá e do Alasca. Ocorre também nas altas montanhas do oeste, desde o Alasca até a Argentina.

d) Na porção meridional da América do Norte encontramos um clima mais _____ e úmido, de características tropical e subtropical.

3. Compare os mapas político e de vegetação do continente americano e faça a correspondência a seguir.

(a) Tundra
(b) Floresta fria ou boreal
(c) Floresta temperada
(d) Florestas tropical e subtropical

(   ) Localizada nas partes mais setentrionais do continente. Trata-se de uma vegetação rasteira, adaptada a baixas temperaturas, e constituída de musgos e liquens. Permanece coberta pela neve durante muitos meses, desenvolvendo-se apenas quando ocorre o degelo. É utilizada como alimento pelos herbívoros da região.

(   ) Ocupa principalmente o território canadense. É também denominada taiga, constituída de coníferas e associada a climas frios, de características subárticas ou temperadas continentais. É uma vegetação homogênea e aciculifoliada. Presta-se muito à fabricação de papel, por fornecer madeira branda e ter crescimento rápido, o que facilita o processo de reflorestamento.

> **Aciculifoliada** – com folhas em forma de agulha; com folhas pontiagudas.
> **Coníferas** – plantas que produzem frutos em forma de cone; pinheiros.
> **Homogênea** – igual; de características semelhantes; da mesma natureza.
> **Madeira branda** – de característica mole; acessível ao corte e própria para a indústria de papel. Exemplo: pinho.

( ) Paisagens intrincadas que aparecem onde os climas são mais quentes e úmidos. São típicas da faixa do Golfo do México e intercalam-se com vegetação arbustiva, principalmente no território mexicano. As florestas equatorial e tropical são formações vegetais predominantes na América Central, além de estarem presentes em grande parte da América do Sul.

( ) Encontra-se em trechos da faixa do Pacífico e predominantemente na faixa do Atlântico. Trata-se de paisagem aberta, o que facilita a exploração econômica. É basicamente caducifólia e nela são comuns espécies como o carvalho, a faia e a bétula, podendo aparecer no seu meio algumas coníferas. Caracteriza mais os Estados Unidos, onde encontramos as florestas Apalacheana e Californiana.

> **Caducifólia** – folha caduca ou decídua; folha que cai numa determinada estação, fria ou seca.

Pradarias e estepes

Associadas aos climas temperado continental e semiárido temos, respectivamente, as **pradarias** e as **estepes**.

As pradarias localizam-se na parte central dos Estados Unidos e do Canadá, enquanto as estepes são típicas do oeste dos Estados Unidos e trechos do território mexicano.

São vegetações rasteiras constituídas de gramíneas. No domínio das pradarias há grande aproveitamento agrícola, em virtude da fertilidade do solo, enquanto as estepes são mais aproveitadas para a criação extensiva de gado.

> **Gramíneas** – plantas da natureza da grama.

Nas regiões de clima desértico predominam os vegetais xerófitos, adaptados aos ambientes secos. Essas formações estão presentes no oeste dos Estados Unidos, no México, em grande parte da Argentina, norte do Chile e sul do Peru.

Paisagem desértica no Novo México, Estados Unidos.

4. Faça a correspondência entre os principais tipos de vegetação e os países norte-americanos.

(a) Canadá
(b) Estados Unidos
(c) México

( ) Floresta boreal
( ) Floresta temperada
( ) Floresta tropical
( ) Formações desérticas
( ) Tundra
( ) Estepes
( ) Pradarias

5. Observe o mapa de climas do continente americano e responda às questões a seguir.

a) Qual é o tipo de clima predominante na América Central?

b) Que outro clima caracteriza as terras dessa região?

Paisagens vegetais tropicais

Em virtude das condições climáticas, as paisagens vegetais tropicais são as que predominam no continente centro-americano.

Nas baixas altitudes do istmo e nas regiões úmidas da parte insular, encontramos manchas de **floresta tropical**.

A devastação das matas teve sua origem na comercialização da madeira de lei, acelerando-se com as expansões da agricultura de *plantation* e da pecuária extensiva.

A degradação das matas tropicais coloca em risco um ambiente em que a floresta é importante elo na cadeia de interdependência, pois ela é fator imprescindível na alimentação dos solos e no equilíbrio climático.

Madeira de lei – dura, rija, resistente às intempéries e, consequentemente, própria para construções e fabricação de móveis. Exemplo: peroba, jacarandá e cedro.

As **savanas**, que complementam a tropicalidade, cobrem extensas regiões do continente, caracterizadas por vegetais de porte médio.

As mudanças climáticas impostas pela altitude do relevo interferem nos tipos de vegetação da região. Assim, poderemos encontrar **florestas temperadas**, **estepes** e algumas associações de **coníferas** em trechos montanhosos do continente, se bem que em proporções menores.

6. Leia o texto, observe o mapa de vegetação do continente americano e responda às questões a seguir.

a) Qual é a vegetação predominante na América Central ístmica?

b) Qual é o principal recurso natural que se extrai dessas florestas?

c) Quais são as outras atividades econômicas responsáveis pela degradação das matas tropicais?

d) Que outros tipos de vegetação podem ser encontrados na América Central?

7. Observe os mapas e complete as frases a seguir.

a) O clima dominante na América do Sul é o _____. Por abranger imenso espaço geográfico, apresenta algumas variações no seu comportamento, de acordo com as influências da posição geográfica, altitude, continentalidade e atuação das massas de _____. Esse clima aparece predominantemente no território _____.

b) Na Amazônia, em virtude das baixas altitudes do relevo e da localização geográfica, predomina o clima _____, muito quente e com alta pluviosidade o ano todo.

c) A floresta densa e a enorme bacia _____ que aí aparecem, responsáveis por intensa evapotranspiração, são fatores de grande influência nas características desse _____. É típico da maior parte da grande Região _____ do Brasil e de trechos de países da sua fronteira.

> **Evapotranspiração** – conjunto de processos físicos e biológicos em que a água é transformada em vapor.

d) Nas partes elevadas da cordilheira dos _____ e no extremo sul do continente temos o clima _____. Apresenta baixas médias térmicas e índices pluviométricos relativamente pequenos.

e) Na América do Sul, a região platina, no Uruguai e na Argentina, encontramos a maior área de atuação do clima _____. Este apresenta maior regularidade na distribuição das chuvas e estações mais bem definidas. Caracteriza, também, trechos de alguns _____ andinos, onde a altitude da _____ é o fator que determina sua existência.

f) Na costa _____, no norte do Chile e sul do Peru, temos o clima desértico. Aí encontramos o deserto de _____, a mais destacada paisagem seca do continente.

g) Outras regiões de clima árido e _____ podem ser observadas: o planalto da Patagônia, na _____; o _____, no Brasil; o Chaco, no Paraguai; e algumas porções planálticas da cordilheira dos _____.

8. Uma corrente marinha fria é responsável pela existência do deserto mais seco do mundo, localizado no norte do Chile. Identifique esse deserto e essa corrente marinha.

9. Compare o mapa político com o de climas e identifique o clima predominante nos países e cidades a seguir.
a) Venezuela –
b) Uruguai –
c) Buenos Aires –

d) Manaus –

e) Caracas –

f) La Paz –

g) Rio de Janeiro –

10. Observe o mapa de vegetação do continente americano e complete as frases a seguir.

a) Na porção setentrional da América do Sul temos a floresta _____ Amazônica. Associada ao clima _____, encontra-se adaptada às elevadas temperaturas e à alta _____. Apresenta grande variedade de espécies e é de vital importância ao equilíbrio climático da região. Apesar disso, a comercialização da _____ e a plantação de pastagens, como suporte ao desenvolvimento da _____ extensiva, têm aumentado gradativamente sua _____.

b) Na faixa do Atlântico, em território brasileiro, aparece a _____. Alimentada principalmente pela umidade _____, caracteriza apenas trechos dessa região, pelo fato de ter sido excessivamente _____. É encontrada também no trecho _____ da faixa do Pacífico.

c) No interior do Brasil, podemos observar algumas matas tropicais acompanhando os cursos _____, e outras em zonas de transição climática. Como exemplos temos, respectivamente, as _____ ciliares e a _____ dos Cocais.

d) Em determinados pontos da cordilheira _____, onde as condições climáticas permitem, encontramos algumas concentrações de _____ temperada e de _____ fria.

e) Na porção meridional do Brasil, temos a _____ subtropical, com o predomínio de uma espécie de conífera, largamente aproveitada economicamente: a _____.

f) Na parte central do Brasil e na Venezuela predomina uma vegetação chamada, respectivamente, de _____ e lhano. Denominada genericamente savana, é caracterizada por _____ intercalados de vegetação rasteira rala, daí ser também tratada como "campo sujo". É largamente aproveitada para a criação _____ de gado.

g) Na Argentina e no Uruguai predominam as pradarias, tratadas regionalmente por pampa. Por cobrirem extensas planícies de solos férteis e clima _____, desempenham papel econômico importantíssimo, estimulando o desenvolvimento das atividades _____ na região.

h) Nas porções mais secas do continente, onde aparecem os climas árido e _____, predominam vegetações xerófitas.

A POPULAÇÃO DAS AMÉRICAS

10. O quadro demográfico das Américas

Existem 35 países independentes no continente americano. Os países de maior extensão localizam-se na América do Norte e são responsáveis por mais da metade da área do continente. O Canadá, principal destaque de toda a América, e o segundo maior país em extensão no mundo, é menor apenas que a Federação Russa.

Países	Extensão
1. Federação Russa	17.075.400 km²
2. Canadá	9.970.610 km²
3. China	9.561.000 km²
4. Estados Unidos	9.372.614 km²
5. Brasil	8.514.215 km²
6. Austrália	7.682.300 km²
7. Índia	3.287.590 km²
8. Argentina	2.780.092 km²

PAÍS	EXTENSÃO (KM²)	CAPITAL	POPULAÇÃO ABSOLUTA (TOTAL DE HAB.)	DENSIDADE DEMOGRÁFICA (HAB./KM²)
América do Norte				
Canadá	9.970.610	Ottawa	35.350.658	3,5
Estados Unidos	9.372.614	Washington D.C.	322.205.570	34,4
México	1.972.547	Cidade do México	114.940.276	58,3
América Central				
Parte continental				
Belize	22.965	Belmopan	314.375	13,7
Costa Rica	51.100	San José	4.728.100	92,5
El Salvador	21.041	San Salvador	6.293.854	299,1
Guatemala	108.889	Guatemala	14.501.571	133,2
Honduras	112.088	Tegucigalpa	7.666.309	68,4
Nicarágua	130.682	Manágua	5.842.283	44,7
Panamá	75.517	Cidade do Panamá	3.560.610	47,1
Parte insular				
Antígua e Barbuda	442	Saint John's	89.000	201,4
Bahamas	13.864	Nassau	346.653	25,0
Barbados	431	Bridgetown	281.454	653,0
Cuba	110.922	Havana	11.578.787	104,4
Dominica	751	Roseau	67.757	90,2
Granada	344	St. George's	106.483	309,5
Haiti	27.400	Porto Príncipe	10.042.772	366,5
Jamaica	10.991	Kingston	2.794.467	254,3
República Dominicana	48.442	Santo Domingo	10.068.841	207,9
Santa Lúcia	617	Castries	177.130	287,1
São Cristóvão e Névis	269	Basseterre	52.402	194,8
São Vicente e Granadinas	389	Kingstown	109.333	281,1
Trinidad e Tobago	5.123	Port of Spain	1.358.321	265,1
América do Sul				
Argentina	2.780.092	Buenos Aires	41.428.321	14,9
Bolívia	1.098.581	La Paz	9.993.702	9,1
Brasil	8.514.215	Brasília	197.829.510	23,2
Chile	756.626	Santiago	17.471.058	23,1
Colômbia	1.141.748	Bogotá	46.796.739	41,0
Equador	283.561	Quito	14.649.948	51,7
Guiana	214.970	Georgetown	759.617	3,5
Guiana Francesa	83.530	Caiena	232.785	2,8
Paraguai	406.752	Assunção	6.517.060	16,0
Peru	1.285.215	Lima	29.395.539	22,9
Suriname	163.820	Paramaribo	530.317	3,2
Uruguai	176.215	Montevidéu	3.490.058	19,8
Venezuela	912.050	Caracas	29.267.122	32,1

Fonte: *United Nations*, 2010. Disponível em: <un.org/esa/population/unpop.htm>. Acesso em: fev. 2013.

1. O continente americano é composto por 35 países independentes. Em qual das Américas encontramos a maior fragmentação política?

2. Qual das Américas é responsável por mais da metade da área do continente?

3. Compare a extensão territorial dos países sul-americanos e classifique-os, destacando os cinco maiores.

4. Identifique o maior país em cada uma das Américas, registrando suas áreas para comparação.

5. Qual é o menor país das Américas?

6. Resolva as questões a seguir.

a) Classifique, em ordem decrescente, os cinco países mais populosos das Américas.

b) Faça o mesmo com os cinco mais povoados.

7. Qual das Américas é a mais povoada?

8. Identifique os países menos povoados em cada uma das Américas.

9. O Canadá perde apenas para a Federação Russa em extensão territorial. Observando sua posição geográfica, identifique o principal fator que influencia sua baixa densidade demográfica.

10. Responda às questões a seguir.

a) Escolha um país latino-americano e, utilizando os dados das tabelas a seguir, calcule a porcentagem da sua população na faixa etária intermediária.

b) Faça o mesmo com os dados do Brasil e da média europeia.

PORCENTAGEM DA POPULAÇÃO COM MENOS DE 15 ANOS EM 2010	
Bolívia	35,8%
Paraguai	33,2%
Equador	30,0%
Peru	29,6%
Venezuela	29,2%
México	28,7%
Panamá	28,6%
Colômbia	28,4%
Brasil	25,1%
Costa Rica	24,5%
Argentina	24,3%
Chile	21,7%
Uruguai	21,7%
Estados Unidos	19,3%
Cuba	16,8%
Europa (média)	14,8%

PORCENTAGEM DA POPULAÇÃO COM MAIS DE 54 ANOS EM 2010	
Europa (média)	31,3%
Estados Unidos	27,4%
Uruguai	26,0%
Cuba	24,8%
Argentina	21,3%
Chile	19,7%
Brasil	15,8%
Costa Rica	15,0%
Panamá	14,6%
México	13,9%
Equador	13,7%
Colômbia	13,5%
Venezuela	13,4%
Peru	13,2%
Paraguai	11,8%
Bolívia	10,6%

Fonte: *United Nations*. Disponível em: <esa.un.org/unpd/wpp/Excel_Data/population.htm>. Acesso em: fev. 2013.

11. O crescimento e a distribuição da população americana

Após a Segunda Guerra Mundial, com um maior acesso à informação, à revolução da tecnologia bioquímica, ao uso de antibióticos e à vacinação em massa, houve uma redução na taxa de mortalidade em escala mundial.

Altas taxas de natalidade nos países subdesenvolvidos

A pobreza, a baixa escolaridade, a precária assistência médica e o pouco acesso à informação, entre outros, são fatores que contribuem para a manutenção das altas taxas de natalidade nos países subdesenvolvidos. Entretanto, em países desenvolvidos a estrutura socioeconômica beneficia de maneira mais abrangente suas populações e o crescimento vegetativo é, em geral, baixo.

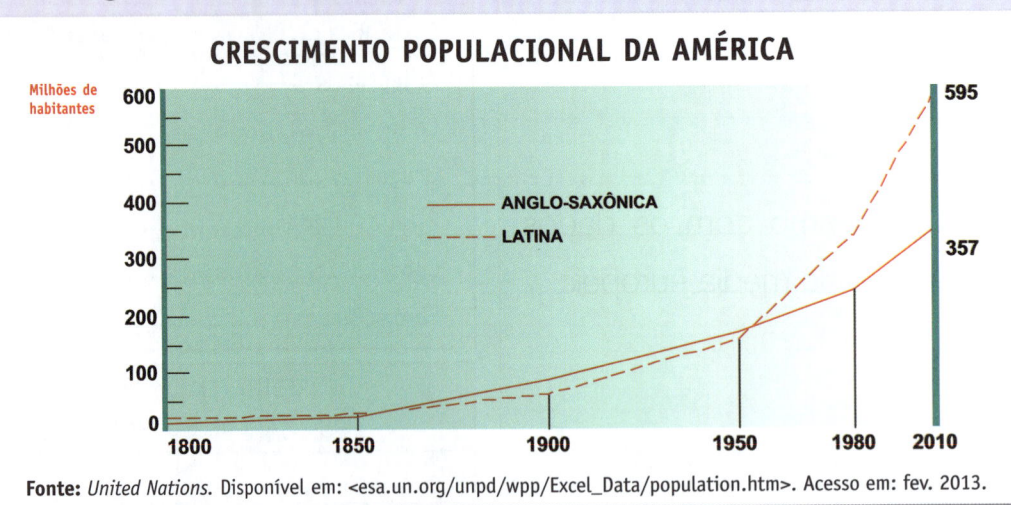

CRESCIMENTO POPULACIONAL DA AMÉRICA

Fonte: *United Nations*. Disponível em: <esa.un.org/unpd/wpp/Excel_Data/population.htm>. Acesso em: fev. 2013.

1. Qual a consequência da rápida redução das mortalidades para os países latino-americanos que, por razões culturais e socioeconômicas, possuem elevadas taxas de natalidade?

2. Apesar da contribuição dada pelos imigrantes no aumento da população americana, o crescimento vegetativo é o maior responsável pela aceleração demográfica observada no continente americano. Analise as causas desse elevado crescimento populacional.

3. O estágio de subdesenvolvimento em que alguns países americanos se encontram pode ter relação com o elevado crescimento vegetativo que apresentam?

4. Analise o gráfico da página anterior nos três períodos.

a) de 1800 a 1850:

b) de 1850 a 1950:

c) de 1950 a 2000:

5. Após a Segunda Guerra Mundial (1939-1945), houve uma revolução tecnológica bioquímica. Identifique esse período no gráfico e explique as consequências dessa revolução no crescimento populacional das Américas.

A distribuição da população americana

A distribuição da população americana, como em qualquer parte do globo, depende diretamente das características físico-geográficas regionais, das condições históricas do povoamento e das políticas governamentais.

Ecúmena é uma região que apresenta condições físico-geográficas favoráveis à fixação populacional. As regiões que dificultam a fixação do homem são denominadas **anecúmenas**.

Américas – Densidade demográfica

Áreas metropolitanas
- ■ População acima de 10 milhões
- ● População acima de 5 milhões

Nível de densidade demográfica
Baixo ──────────── Alto

ESCALA
0 — 830 — 1.660 km
1 cm = 830 km

Fonte: *Atlas geográfico mundial.* The Times Books, 1994.

Nova York, nos Estados Unidos (à esquerda), e São Paulo, no Brasil, são duas das maiores cidades do mundo.

6. Quais são os principais fatores que influenciam a distribuição da população em qualquer parte do globo?

7. O que são regiões ecúmenas e regiões anecúmenas? Exemplifique.

8. No continente americano, as regiões pouco povoadas são, geralmente, as anecúmenas. Entretanto, outras podem ter sido preferidas por questões ligadas à política de desenvolvimento econômico. Observe no mapa e descreva quais são as áreas metropolitanas com população acima de 10 milhões de habitantes nas Américas Anglo-Saxônica e Latina?

A ECONOMIA AMERICANA

12. O desenvolvimento desigual

Na **lógica do capitalismo**, o poder financeiro tem papel central nas relações entre os países. Estabelece-se uma **concorrência** caracterizada pela exportação de mercadorias.

A ilha de Cuba, único país socialista que resistiu ao capitalismo, resistiu por anos a pressões do chamado "Bloco Americano", liderado pelos Estados Unidos, para modificar seu sistema político.

A globalização

Com a globalização, o planeta está muito mais integrado, principalmente pelas revoluções nos transportes e nas comunicações e pela economia desenvolvida pelas multinacionais. Entretanto, num contexto global, encontramos o mundo regionalizado.

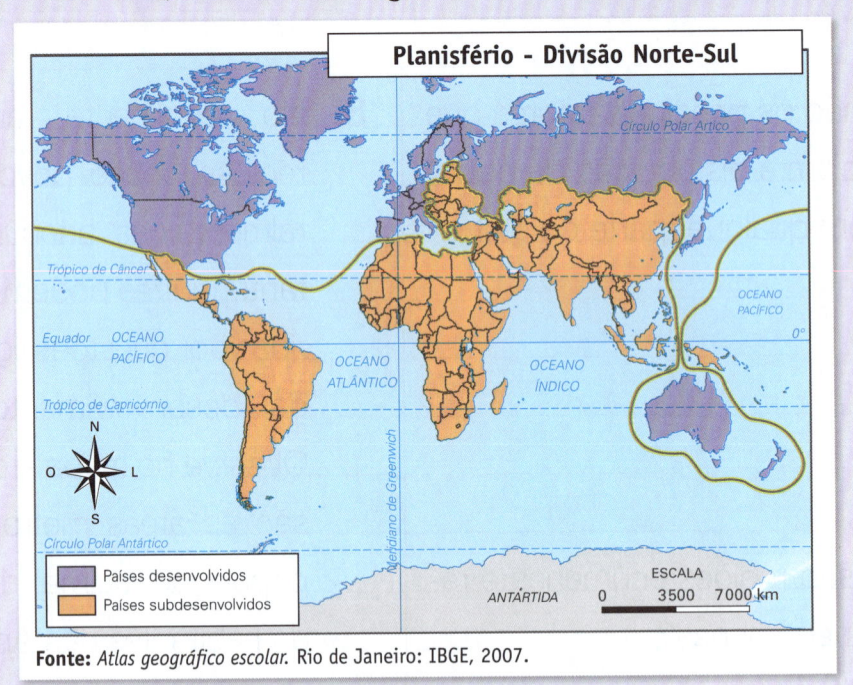

Planisfério - Divisão Norte-Sul

Países desenvolvidos
Países subdesenvolvidos

Fonte: *Atlas geográfico escolar*. Rio de Janeiro: IBGE, 2007.

1. Qual parte da América não era totalmente capitalista?

2. Com que objetivo os Estados Unidos exerceram pressão sobre Cuba?

3. O que caracteriza a concorrência entre os países no capitalismo?

4. Vivemos hoje um momento de globalização; o modo de vida em todas as partes do mundo tende a se tornar cada vez mais homogêneo. Quais são as causas desse fenômeno?

5. Identifique no mapa a região mais desenvolvida economicamente das Américas, os países que a constituem e o sistema político que possuem.

Características gerais dos países desenvolvidos

1. Atividade econômica diversificada.
2. Intensa urbanização e industrialização.
3. Crescimento constante e acelerado do Produto Interno Bruto (PIB).
4. Forte mercado interno (consumo).
5. Elevado volume de exportações.
6. Baixos índices de mortalidade e de natalidade.
7. Alta expectativa de vida.
8. População jovem reduzida.
9. Baixos índices de analfabetismo.
10. Distribuição de renda mais equilibrada.

Seattle, nos Estados Unidos, é um exemplo da prosperidade dos países desenvolvidos.

Características gerais dos países subdesenvolvidos

1. Baixo PIB e baixa renda *per capita*.
2. Altas taxas de crescimento vegetativo, fruto das altas natalidades.
3. Subnutrição e insuficiências alimentares.
4. Alto grau de analfabetismo.
5. Debilidade e insuficiência do setor sanitário e alta taxa de mortalidade, especialmente infantil.
6. Graves desigualdades sociais, redução das classes médias e má distribuição de renda.
7. Altos índices de desemprego, subemprego e presença elevada de trabalho infantil.
8. Parte predominante da população ativa dedicada ao setor primário e baixo nível de industrialização.
9. Baixo nível de produção e subconsumo.
10. Grande dependência econômica e peso excessivo em suas economias da exportação de produtos primários – matérias-primas vegetais, minerais e produtos agrícolas.

Na foto, habitações precárias contrastam com edifícios ao fundo.

6. Com base nas características dos países desenvolvidos e subdesenvolvidos, responda às seguintes questões:

a) Qual deles tem a atividade econômica mais diversificada?

b) Quais são os principais produtos exportados pelos países subdesenvolvidos?

c) Coloque **D** para as características dos países desenvolvidos e **S** para as dos países subdesenvolvidos.

( ) Intensa urbanização e industrialização.

( ) Forte mercado interno.

( ) Baixo PIB e baixa renda *per capita*.

( ) Elevado volume de exportações.

( ) Subnutrição e insuficiências alimentares.

( ) Alto grau de analfabetismo.

( ) Distribuição de renda mais equilibrada.

( ) Baixo nível de produção e subconsumo.

( ) População jovem reduzida.

( ) Altos índices de desemprego, subemprego e presença elevada de trabalho infantil.

7. O Índice de Desenvolvimento Humano (IDH) mede o bem-estar da população em três aspectos: expectativa de vida, grau de escolaridade e renda *per capita*. Com base nas características dos países desenvolvidos e subdesenvolvidos, descubra quais possuem o IDH mais elevado.

Observe no quadro abaixo os 15 países que apresentaram os Índices de Desenvolvimento Humano (IDH) mais elevados em 2011.

Ranking do IDH em 2011

Posição	Países	IDH
1º	Noruega	0,943
2º	Austrália	0,929
3º	Holanda	0,910
4º	Estados Unidos	0,910
5º	Nova Zelândia	0,908
6º	Canadá	0,908
7º	Irlanda	0,908
8º	Liechtenstein	0,905
9º	Alemanha	0,905
10º	Suécia	0,904
11º	Suíça	0,903
12º	Japão	0,901
13º	Hong Kong, China (SAR)	0,898
14º	Islândia	0,898
15º	Coreia do Sul	0,897

Fonte: *Relatório de Desenvolvimento Humano Global*. ONU, 2011.

8. Que países da América apresentam os maiores IDH?

PIB – MAIORES ECONOMIAS
(% do total) (2011)

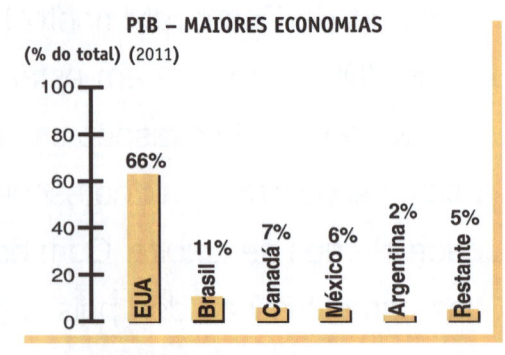

- EUA: 66%
- Brasil: 11%
- Canadá: 7%
- México: 6%
- Argentina: 2%
- Restante: 5%

Fonte: Banco Mundial, 2011

IMPORTAÇÕES – PARTICIPAÇÃO POR BLOCOS
Total: 3.789 bilhões de dólares (2012)

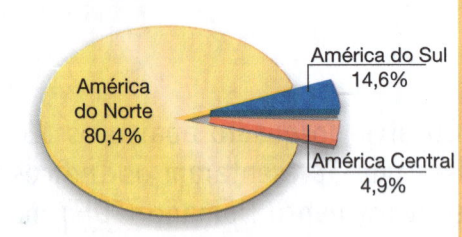

- América do Norte: 80,4%
- América do Sul: 14,6%
- América Central: 4,9%

Fonte: The World Factbook, CIA, 2012.

PAÍSES MAIS POPULOSOS
Total: 950 milhões de habitantes (2010)

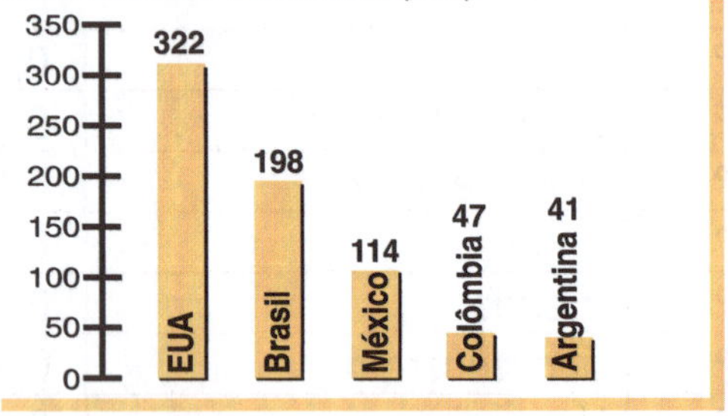

- EUA: 322
- Brasil: 198
- México: 114
- Colômbia: 47
- Argentina: 41

Fonte: The World Factbook, CIA, 2012.

EXPORTAÇÕES – PARTICIPAÇÃO POR REGIÃO
Total: 3.128 bilhões de dólares (2012)

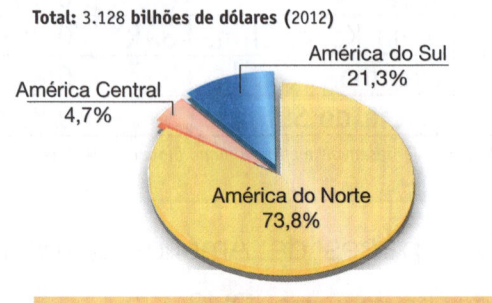

- América do Norte: 73,8%
- América do Sul: 21,3%
- América Central: 4,7%

Fonte: The World Factbook, CIA, 2012.

PAÍSES MAIS POPULOSOS
Total: 950 milhões de habitantes (2010)

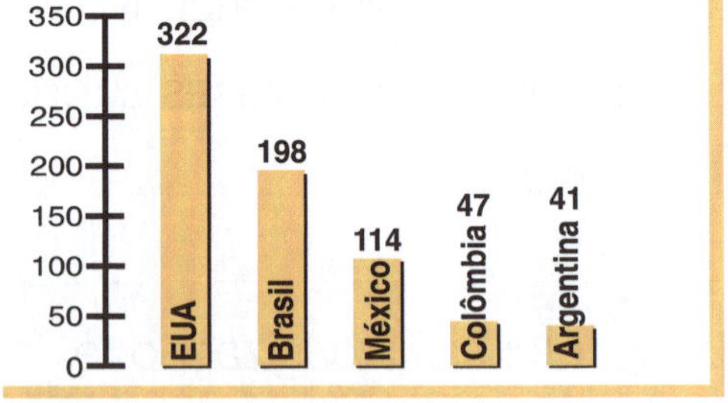

- EUA: 322
- Brasil: 198
- México: 114
- Colômbia: 47
- Argentina: 41

Fonte: The World Factbook, CIA, 2012.

NATALIDADE E MORTALIDADE
(em um grupo de mil hab.) (2010)

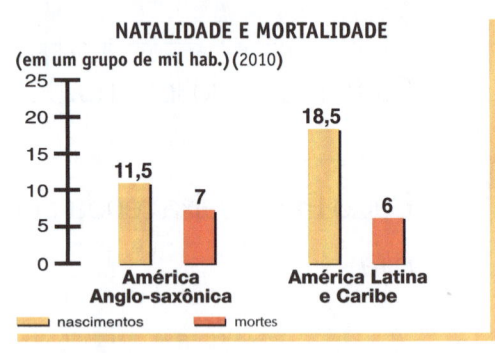

- América Anglo-saxônica: nascimentos 11,5; mortes 7
- América Latina e Caribe: nascimentos 18,5; mortes 6

Fonte: Banco Mundial, 2011

9. O desenvolvimento é um fenômeno que não pode ser avaliado apenas por um aspecto, pois todos os elementos estão interligados. Analise os gráficos ao lado e responda às seguintes questões:

a) Quais são as maiores economias da América Latina?

b) Qual das Américas apresenta maior representatividade no mercado externo (exportações e importações)?

Alguns aspectos positivos da globalização

- A mundialização da inventividade tecnológica. Parcela significativa dos países, hoje, adaptou-se à rapidez da informatização.
- A rápida comunicação entre culturas diferentes.
- A democratização do conhecimento e a imediata informação das descobertas científicas.
- A disseminação de modernos métodos administrativos.
- Maior compreensão e absorção das culturas estrangeiras e a possibilidade de troca, o que favorece um clima de curiosidade e tolerância pelas diferenças.

Alguns aspectos negativos da globalização

- Uma perversa divisão social entre "incluídos", que participam da globalização, já que possuem condição educacional e socioeconômica, e "excluídos", que não têm acesso às tecnologias sofisticadas e/ou compreensão delas.
- Um aumento das diferenças regionais: países beneficiados pela globalização e países totalmente marginalizados por ela, sem contar que essas diferenças podem ficar expressas, dentro de um mesmo país, pelas desigualdades regionais.
- A extinção de particularidades culturais regionais, pois a globalização impõe um "pensamento único", uma "cultura planetária", eliminando as especificidades regionais em nome de padrões considerados universais.

10. Qual é o principal aspecto negativo da globalização?

13. As atividades de extração mineral

O continente americano apresenta grande e diversificada riqueza mineral. Entretanto, como sua exploração requer capacidade industrial de transformação, é comum entre os países latino-americanos que seu aproveitamento ocorra abaixo das disponibilidades das jazidas. Nesses países a exploração é realizada para abastecer o mercado externo, sendo comum a exploração de suas jazidas por empresas estrangeiras.

Os Estados Unidos e o Canadá apresentam a situação mais estável no setor de extração mineral, pois possuem grandes reservas de recursos minerais e apresentam grande diversidade industrial.

Dos países latino-americanos, o Brasil, o México, a Argentina e a Venezuela são os mais adiantados no aproveitamento industrial dos recursos minerais.

1. Por que é comum que o aproveitamento dos recursos naturais ocorra abaixo das disponibilidades das jazidas nos países latino-americanos?

2. Qual é o fim comercial da exploração dos recursos minerais nesses países?

3. Responda às questões a seguir.

   a) Quais são os países americanos que apresentam a situação mais estável no setor de extração mineral?

   b) O que contribuiu para que eles chegassem a essa condição?

4. Quais são os países latino-americanos que estão mais adiantados no aproveitamento industrial dos recursos minerais?

Petróleo

Recurso básico para o desenvolvimento industrial e para a locomoção de transportes terrestres.

Estados Unidos – maior produtor das Américas. A região do Golfo do México e seu nordeste, Alaska e Califórnia possuem as principais produções. A produção estadunidense de petróleo não supre a demanda de seu mercado interno, por isso o país importa parte de seu consumo.

Canadá e México – possuem produções razoáveis, contribuindo de maneira significativa para os respectivos mercados internos.

Brasil e Venezuela – recentemente foi descoberta uma região na costa do Rio de Janeiro, denominada de Pré-Sal, possui grandes reservas para exploração que, quando exploradas, possibilitarão a exportação do recurso energético. A Venezuela apresenta grandes excedentes exportáveis e é um importante membro da Organização dos Países Exportadores de Petróleo. (OPEP).

Plataforma de petróleo no Rio de Janeiro.

5. Responda às questões a seguir.

a) Qual a importância do petróleo?

b) Se os Estados Unidos sempre se destacaram na exploração de petróleo, por que importam boa quantidade do produto?

c) Qual é o maior produtor de petróleo do continente americano e de onde retira o produto?

d) O que significa a sigla Opep? Como se destaca a Venezuela nessa organização?

e) Que outros países americanos também produzem petróleo?

> **Carvão**
> Os Estados Unidos e o Canadá são responsáveis por mais de 95% da produção americana de carvão mineral.
>
> **Estados Unidos** – Montes Apalaches, Planície Central e Montanhas Rochosas.
>
> **Canadá** – Província de Alberta (Montanhas Rochosas).
>
> **Ferro**
> **América Anglo-Saxônica** – jazidas concentradas na região do Lago Superior (fato que estimulou o desenvolvimento da siderurgia na região dos Grandes Lagos).
>
> **Brasil** – É o maior produtor da América, possui jazidas no Quadrilátero Central (MG) e Serra dos Carajás (PA), que além de abastecerem a siderurgia local destinam-se à exportação.

6. Responda às questões a seguir.

a) Quais países detêm a maior produção de carvão mineral no continente americano?

b) Onde se encontram suas jazidas?

d) No Brasil, onde se encontram as principais jazidas de minério de ferro?

7. Responda às questões a seguir.

a) Onde se concentram as jazidas de minério de ferro da América Anglo-Saxônica?

Manganês

O Brasil é o país que se destaca na produção em todo o continente.

Grandes reservas são encontradas no Quadrilátero Central (MG), Maciço de Urucum (MS) e na serra dos Carajás (PA). Sua produção é voltada ao abastecimento do mercado interno e à exportação.

8. Onde estão as principais jazidas de manganês das Américas?

b) De que maneira essa concentração aliada à facilidade do transporte interferiu na economia dos Estados Unidos e do Canadá?

c) Qual é o maior produtor de ferro da América?

Cobre

Chile – principal produtor mundial, realizando as explorações nas províncias de Antofagasta e Atacama.

Peru – segundo produtor mundial.

Estados Unidos – terceiro país em produção no continente, com jazidas nas Montanhas Rochosas.

Mina de cobre em Calama, no Chile.

9. Responda às questões a seguir.

a) Qual país americano se destaca por ser o principal produtor de cobre? Onde realiza as explorações?

b) Cite um setor da economia no qual países como Chile e Peru podem ser os maiores produtores mundiais, lembrando de sua industrialização tardia e do pouco acesso e desenvolvimento em tecnologia.

c) Que país é o terceiro produtor de cobre no continente americano e onde se encontram suas jazidas?

Principais destaques em produção de outros minérios:

- **estanho**: Brasil, Bolívia e Peru;
- **chumbo**: Estados Unidos, Peru e México;
- **níquel**: Canadá, Brasil, Colombia e Cuba;
- **ouro**: Estados Unidos, Peru, Canadá e Brasil;
- **bauxita**: Brasil, Jamaica, Suriname e Guiana;
- **prata**: México, Peru e Chile;
- **zinco**: Peru, Estados Unidos e México.

10. De acordo com o que você aprendeu, preencha o mapa com as produções minerais dos países do continente americano, de acordo com a legenda.

Dica: Consulte os outros mapas do continente e dos países americanos.

América – Recursos minerais

Legenda
- Carvão mineral
- Cu Cobre
- Fe Ferro
- Mn Manganês
- Petróleo

Fonte: *Atlas geográfico escolar.* 5.ed. Rio de Janeiro: IBGE, 2009.

14. A agricultura na América Anglo-Saxônica

É nítida a diferença que se estabelece no continente americano, no setor agrícola.

De um lado, temos países que adotam métodos modernos na produção, com o uso de técnicas de cultivo e intensa mecanização – países da América Anglo-Saxônica e alguns países latino-americanos.

De outro lado, países que apresentam um modo de cultivo tradicional nesse setor.

Equipamentos sofisticados

Os países modernizados na produção agrícola utilizam equipamentos sofisticados, como tratores, colhedeiras e depósitos especiais (silos).

A produção é dividida com grande rigor técnico, com a presença constante de agrônomos que orientam a utilização de técnicas de fertilização e recuperação dos solos, de prevenção à erosão, de combate às pragas e de drenagem e irrigação das terras. Com isso, é aumentada ainda mais a produtividade agrícola desses países.

1. Qual a diferença que se estabelece no setor agrícola entre os países americanos?

2. Que fatores influenciam o aumento da produtividade agrícola dos países que se encontram nesse setor?

3. Qual a importância da presença dos agrônomos na produção agrícola?

4. Responda às questões a seguir.

a) Onde é realizada a agricultura intensiva na América Anglo-Saxônica?

b) Como é realizada essa agricultura?

5. Responda às questões a seguir.

a) O que são os belts?

b) A que tipo de agricultura estão associados?

> **A agricultura nos Estados Unidos e no Canadá**
>
> Nos Estados Unidos e no Canadá, a agricultura tem um caráter empresarial, sendo mecanizada e voltada para o mercado.
>
> No vale do São Lourenço e nas proximidades dos Grandes Lagos, destaca-se a agricultura intensiva, desenvolvida em pequena propriedade policultora.
>
> A agricultura extensiva mecanizada ocorre em vastas regiões denominadas belts – cinturões especializados numa modalidade agrícola.

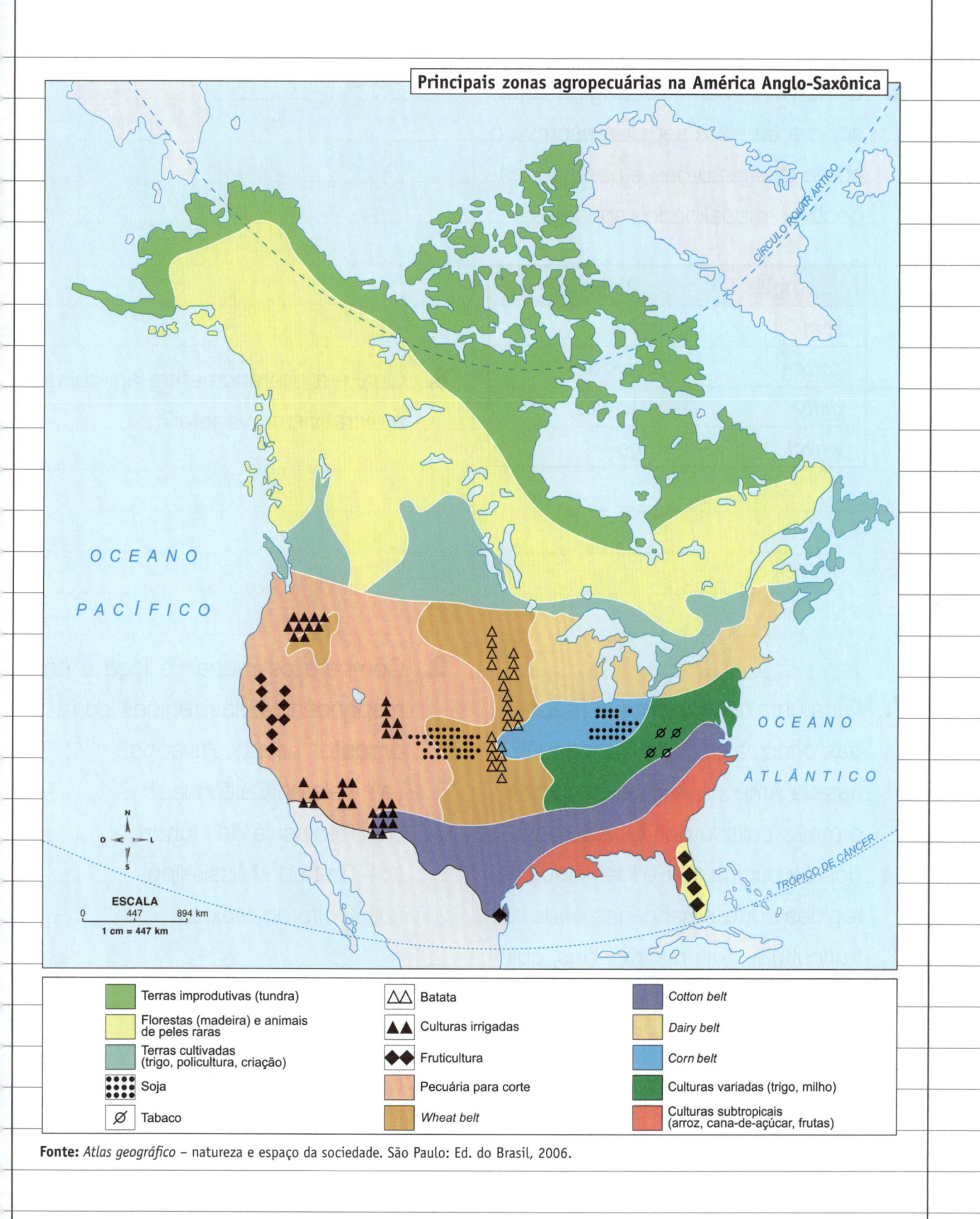

Principais zonas agropecuárias na América Anglo-Saxônica

Legenda:
- Terras improdutivas (tundra)
- Florestas (madeira) e animais de peles raras
- Terras cultivadas (trigo, policultura, criação)
- Soja
- Tabaco
- Batata
- Culturas irrigadas
- Fruticultura
- Pecuária para corte
- Wheat belt
- Cotton belt
- Dairy belt
- Corn belt
- Culturas variadas (trigo, milho)
- Culturas subtropicais (arroz, cana-de-açúcar, frutas)

Escala: 1 cm = 447 km

Fonte: *Atlas geográfico* – natureza e espaço da sociedade. São Paulo: Ed. do Brasil, 2006.

6. Observe o mapa da página anterior e a tabela a seguir e escreva o nome dos cinturões e de suas respectivas modalidades agrícolas.

Inglês	Português
corn	milho
cotton	algodão
dairy	laticínios
wheat	trigo

7. Faça uma relação entre o mapa das principais zonas agropecuárias da América Anglo-Saxônica e o mapa político dos Estados Unidos da página 101 e identifique as regiões norte-americanas onde há fruticultura, culturas irrigadas, cultivo de soja, batata, tabaco, arroz e cana-de-açúcar.

8. Qual é a diferença entre agricultura e extrativismo vegetal?

9. Compare os mapas e faça a correspondência das regiões com os produtos nelas cultivados.

(a) Vale da Califórnia
(b) Península da Flórida
(c) Delta do Mississippi
(d) Golfo do México

( ) cítricos e laranja
( ) arroz
( ) cana-de-açúcar
( ) vinha, cítricos e frutas

10. Qual é a atividade pecuária praticada na região dos Grandes Lagos?

15. A agricultura na América Latina

Os modelos agrícolas predominantes na América Latina têm forte ligação com seu passado colonial, em que se desenvolveu a atividade agrícola para atender às exigências das metrópoles. Denominada *plantation*, essa atividade caracteriza-se por ser monocultura de produtos tropicais e de utilizar-se de grandes propriedades (latifúndios) e de trabalho escravo.

Sua evolução técnica é moderada, utilizando cada vez menor quantidade de mão de obra, formada por trabalhadores temporários.

Relacionam-se a esse sistema agrícola produtos tropicais voltados para a exportação – soja, banana, café, cacau, tabaco, cana-de-açúcar e algodão.

1. Como era denominada a atividade desenvolvida no período colonial da América Latina?

2. Quais eram suas características?

3. Complete o diagrama a seguir.

1. Sinônimo de latifúndio.
2. Tipo de atividade que caracteriza o *plantation*.
3. Mão de obra utilizada no período colonial.
4. Produto tropical.
5. Produto tropical.
6. Produto tropical.
7. Destino dos produtos tropicais associados a essa atividade.
8. Tipo de produtos agrícolas produzidos nesse sistema.
9. Produto tropical.
10. Produto tropical.

Agricultura desenvolvida na América Latina

Apesar das condições históricas de povoamento, em algumas regiões do México, Brasil, Argentina, Uruguai e Chile, pode-se encontrar uma agricultura bem moderna, contrastando com a praticada no restante do continente.

No México, destacam-se **milho**, **cana-de-açúcar** e **algodão** (cultivado principalmente em terras irrigadas).

América Latina – Uso da terra e principais produtos cultivados

Legenda:
- Fruticultura e policultura
- Agricultura comercial prod. tropicais
- Agricultura e criação de gado
- Agricultura comercial de cereais
- Agricultura primitiva de subsistência
- Criação intensiva de gado
- Criação extensiva de gado
- Criação nômade de gado
- Exploração florestal
- Deserto
- Trigo, milho e soja
- Frutas tropicais
- Cana-de-açúcar
- Algodão
- Arroz
- Cereais
- Banana
- Cacau
- Café
- Uva

Fonte: CIA. *The World Factbook*. Disponível em <www.cia.gov/library/publications/the-world-factbook/index.html>. Acesso em: fev. 2013.

No Brasil, nas Regiões Sul, Sudeste e Centro-Oeste destacam-se **soja**, **cana-de-açúcar**, **café**, **trigo**, **arroz** e **frutas cítricas**.

Na Argentina e no Uruguai, destacam-se **trigo**, **milho**, **aveia**, **cevada** e **centeio**.

No Chile, destacam-se a **vinha** e a **beterraba**, além da **fruticultura**.

c) na Argentina e no Uruguai?

d) no Chile?

4. Em quais países latino-americanos é possível encontrar uma agricultura mais moderna?

5. Quais são os produtos cultivados que estão associados a essa agricultura:

a) no México?

b) no Brasil?

AGRICULTURA ITINERANTE

Outra modalidade agrícola que se observa na América Latina é a **itinerante** (nômade), de características muito primitivas e voltada à subsistência.

Utiliza instrumentos arcaicos (foice, machado, enxada) e métodos de limpeza e preparação da terra muito prejudiciais ao solo, como a queimada. Seus produtos mais importantes são: **mandioca**, **milho**, **inhame** e **feijão**.

6. Cite as principais características da agricultura itinerante.

7. Quais são os seus produtos mais importantes?

8. Faça a correspondência das regiões com as atividades agrárias e seus produtos.

(a) Litoral do Peru, Chile e Equador
(b) Altiplano da Bolívia e lago Titicaca
(c) Sul do Chile, Amazônia e Chaco
(d) Pampa e Campanha Gaúcha
(e) Porção central do Brasil
(f) Patagônia
(g) Cuba, Antilhas e Zona da Mata nordestina (BR)
(h) Porção central do Chile e Mendoza, na Argentina

(　　) Fruticultura, vinha e policultura (frutas, nozes)
(　　) Agricultura comercial de produtos tropicais (abacaxi, cana-de-açúcar)
(　　) Criação extensiva de gado
(　　) Agricultura primitiva de subsistência
(　　) Extrativismo vegetal

9. Pesquise em livros, revistas e internet e cite os produtos da agricultura comercial tropical exportados pela América Latina.

16. A atividade criatória no continente americano

Os cinco países do continente americano que apresentam maior produção de carne bovina são: Estados Unidos, Brasil, Argentina, México e Canadá.

A **pecuária extensiva** é típica das regiões que apresentam paisagens vegetais herbáceas, em que o gado vive à solta, e presta-se mais ao abate. Destacam-se:

- **pampas**, da Argentina e do Uruguai;
- **estepes**, dos Estados Unidos, do Canadá e do México;
- **llanos**, da Venezuela e da Colômbia;
- **punas**, da Bolívia e do Peru;
- **cerrados** e **campos**, do Brasil.

Pecuária extensiva no Peru.

Na maioria dos países, a pastagem é de baixa qualidade e insuficiente para manter os rebanhos saudáveis. A solução para esse problema está na elevação do nível técnico da criação – condições que podem ser observadas nos Estados Unidos e na Argentina.

1. Quais são os cinco países que apresentam a maior produção de carne bovina na América?

2. Quais são as características da pecuária extensiva?

3. Encontre no quadro a seguir os nomes das regiões que se destacam em pecuária extensiva nas Américas.

A	E	C	A	M	P	E	S	T	E
L	C	P	U	N	C	A	M	P	I
C	A	M	L	H	A	M	I	P	E
E	M	L	H	A	P	U	N	A	S
R	P	C	A	M	P	O	S	M	T
R	E	I	N	P	U	N	O	P	E
A	S	N	O	P	A	M	B	A	B
D	T	E	S	T	E	P	E	S	E
O	E	M	L	L	A	N	O	S	S
S	P	I	C	A	M	P	U	N	O

4. Em quais países americanos pode ser observada a solução para o problema da baixa qualidade das pastagens, por meio da elevação do nível técnico da criação?

> A **pecuária intensiva**, de caráter mais desenvolvido, aparece perto das regiões metropolitanas – grandes centros consumidores.
>
> O gado estabulado, de especial qualidade para a produção leiteira voltada para o mercado, recebe um tratamento técnico mais adequado.
>
> A maior bacia leiteira do continente encontra-se próxima aos Grandes Lagos e no vale do rio São Lourenço e é denominada *dairy belt* (cinturão dos laticínios). Na América Latina, destacam-se Brasil e Argentina.
>
> A criação estabulada de bovinos destinados ao abate apresenta alto nível técnico e produz carnes especiais. Seu maior destaque são os Estados Unidos.

5. Responda às questões a seguir.

a) Quais são as características da pecuária intensiva?

b) Onde aparece a agricultura intensiva na América?

d) Onde pode ser encontrada a criação estabulada de bovinos destinados ao abate?

6. Responda às questões a seguir.

a) Onde se encontra a maior bacia leiteira do continente americano?

b) Qual o nome dessa bacia?

c) Onde pode ser encontrado o gado estabulado leiteiro na América Latina?

> **Outras criações**
> - **ovinos** – Argentina (estepes da Patagônia) e Brasil (campos do Rio Grande do Sul);
> - **caprinos** – Brasil, México e Argentina;
> - **equídeos** (representados pelos **equinos**, **asininos** e **muares**) – Brasil;
> - **galináceos** – criados em muitos países americanos, com destaque para os Estados Unidos.

7. Ligue os países às criações de gado, de acordo com o quadro.

Argentina   caprinos

Brasil   equídeos

Estados Unidos   galináceos

México   ovinos

8. Preencha o mapa com as produções agropecuárias dos países do continente americano com os símbolos da legenda abaixo.

América - Produções agropecuárias

Legenda
- Agricultura de cereais
- Agricultura mediterrânea
- Agricultura de produtos tropicais
- Agricultura de subsistência
- Áreas impróprias para a agricultura
- Pecuária e agricultura
- Pecuária extensiva
- *Belt* - algodão
- *Belt* - milho
- *Belt* - pecuária leiteira
- *Belt* - trigo de primavera e de inverno
- Culturas irrigadas
- Culturas tropicais
- Madeira
- Pesca
- Policultura
- Terras improdutivas

Fonte: *Atlas Geográfico*. São Paulo: Melhoramentos, 2002.

9. Faça a correspondência da região com o tipo de criação de gado.

(a) Criação intensiva
(b) Criação extensiva
(c) Criação nômade

( ) Norte e noroeste da Argentina, fronteira com o Chile – cordilheira dos Andes.
( ) Leste da Argentina.
( ) Pampa, Patagônia e região central do Brasil.

17. A atividade industrial como padrão de desenvolvimento

Como aprendemos nos capítulos 4 e 5, o grau de desenvolvimento dos países americanos está diretamente ligado ao modelo colonizador e às atividades econômicas neles desenvolvidas.

Subdesenvolvimento

A forma de colonização, exploração e imposição são fatos históricos que ajudam a explicar a atual situação da maioria dos países latino-americanos.

Características dos países subdesenvolvidos:

- dependência tecnológica e financeira, com forte presença de multinacionais;
- economia de base agrícola com reduzida mecanização (predomínio do setor primário);
- elevada taxa de analfabetismo;
- grandes desigualdades sociais;
- predomínio da população jovem e baixa expectativa de vida.

No entanto, é necessário diferenciar o nível de subdesenvolvimento entre os países, pois essas características citadas podem não estar presentes em todos os países e, quando presentes em parte, não aparecem com a mesma intensidade.

1. Quais são os fatores que estão relacionados ao grau de desenvolvimento dos países americanos?

2. Qual é o significado do termo subdesenvolvimento?

República de bananas

Usada para definir nações com problemas políticos, a expressão é depreciativa. Em algumas nações, contudo, plantar banana é uma questão de sobrevivência. Veja o valor das exportações da fruta e sua porcentagem no total das exportações agrícolas de alguns países.

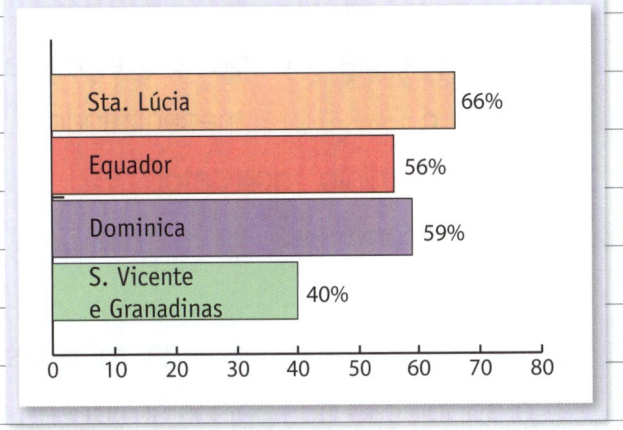

País	%
Sta. Lúcia	66%
Equador	56%
Dominica	59%
S. Vicente e Granadinas	40%

3. Responda às questões.

a) Qual é a classificação desses países quanto ao grau de desenvolvimento?

b) A qual das três Américas eles pertencem?

85

c) A que setor da economia está ligado o cultivo de bananas?

4. Complete as lacunas relativas a países subdesenvolvidos com as palavras do quadro.

> primário – agrícola – reduzida – multinacionais

a) Dependência tecnológica e financeira, com forte presença de _____.

b) Economia de base agrícola com _____ mecanização.

c) Predomínio do setor _____ da economia.

5. Dê quatro características relativas à população dos países subdesenvolvidos.

As indústrias

As indústrias estão, mais fortemente vinculadas aos países capitalistas desenvolvidos.

A maior parte das indústrias existentes nos países subdesenvolvidos é de bens de consumo. Isso ocorre porque esse tipo de indústria utiliza tecnologia mais simples e matéria-prima abundante, como indústrias têxteis, alimentícias etc. Há também muitas indústrias montadoras de veículos, quase sempre multinacionais.

Por outro lado, as indústrias de bens de produção estão mais concentradas nos países desenvolvidos, com maior tempo de industrialização, como fabricantes de *chips* e máquinas.

PAÍSES NÃO DESENVOLVIDOS → DEPENDÊNCIA TECNOLÓGICA DOS PAÍSES DESENVOLVIDOS

↓ ↓

INDEPENDÊNCIA DA TECNOLOGIA DOS PAÍSES DESENVOLVIDOS → SUBDESENVOLVIMENTO ECONÔMICO

↓

CRESCIMENTO INDUSTRIAL → DESENVOLVIMENTO ECONÔMICO

Montadora de automóveis instalada em São Bernardo do Campo, São Paulo.

6. Relacione as colunas.

(1) países desenvolvidos

(2) países subdesenvolvidos

(2) indústrias de bens de consumo

(1) indústrias de bens de produção

7. Por que a maior parte das indústrias nos países subdesenvolvidos é de bens de consumo?

8. Responda às questões a seguir.

a) Dê três tipos de indústria de bens de consumo.

b) Dê dois tipos de indústria de bens de produção.

9. Complete as lacunas.
As indústrias de _____ estão mais concentradas nos países _____, com _____ tempo de industrialização.

10. Enumere de acordo com a sequência dos fatos.

( ) avanço socioeconômico

( ) crescimento industrial

( ) independência tecnológica

( ) independência econômica

18. As concentrações industriais americanas

Grandes concentrações industriais na América

Legenda:
- ◉ CAPITAL
- ● CIDADE PRINCIPAL
- — OLEODUTO
- — GASODUTO

INDÚSTRIA
- ■ SIDERURGIA
- ▯ METALURGIA E MECÂNICA
- ▮ QUÍMICA
- ◐ REFINARIA DE PETRÓLEO
- ◑ CONSTRUÇÃO NAVAL
- ▲ TÊXTIL
- ▲ ALIMENTAR
- ★ AEROESPACIAL, ELETRÔNICA E INFORMÁTICA

ESCALA: 0 — 800 — 1.600 km (1 cm = 800 km)

Fonte: CIA. *The World Factbook*. Disponível em: <https://www.cia.gov/library/publications/the-world-factbook/index.html>. Acesso em: fev. 2013.

Toda e qualquer concentração industrial é dirigida por um conjunto de fatores que favorecem a sua existência, tais como: estabilidade política, matéria-prima, energia, capital, tecnologia, mão de obra, transporte, infraestrutura e mercado consumidor.

| AMÉRICA ANGLO-SAXÔNICA ||
Região	Tipo de indústria
Vale do São Lourenço, nordeste dos Estados Unidos e região dos Grandes Lagos	Siderúrgica, metalúrgica, química, automobilística, elétrica, de construção naval, ferroviária, mecânica e alimentícia
Oeste da América do Norte	Química, siderúrgica, aeronáutica, mecânica, cinematográfica e alimentícia
Região de Houston	Petroquímica

Nos Estados Unidos, há parques industriais altamente desenvolvidos.

1. Cite seis fatores que favorecem a existência de uma concentração industrial.

2. Cite quatro cidades que fazem parte da região do vale do São Lourenço, Grandes Lagos e nordeste dos Estados Unidos.

3. Cite quatro cidades da costa oeste da América do Norte.

4. Onde há maior concentração de indústrias de refinaria de petróleo?

Grandes concentrações industriais da América Latina

Na América Latina, existem algumas regiões industriais de grande importância.

Há, no entanto, grande heterogeneidade entre os países latino-americanos, determinada pelo grau de desenvolvimento técnico e científico, pela disponibilidade dos recursos naturais de cada um e pelos diferentes processos político-econômicos desenvolvidos nos países.

Região	Tipo de indústria
Buenos Aires	Siderúrgica, mecânica, petroquímica, aeronáutica, automobilística, têxtil e alimentícia
Grande São Paulo e Baixada Santista	Petroquímica, siderúrgica, metalúrgica, mecânica, automobilística, alimentícia e têxtil
Vale do Paraíba	Aeronáutica e alimentícia
Rio de Janeiro	Construção naval, metalúrgica, mecânica, têxtil e alimentícia
Cidade do México	Automobilística, elétrica, química, metalúrgica e têxtil
Guadalajara	Metalúrgica, automobilística, química e de produtos agrícolas

5. Quais são as causas da grande heterogeneidade industrial entre os países latino-americanos?

6. Relacione as colunas.

(1) Grande São Paulo

(2) Cidade do México

(3) Buenos Aires

(4) Vale do Paraíba

( ) Petroquímica, aeronáutica, têxtil

( ) Siderúrgica, metalúrgica, química

( ) Aeronáutica, alimentícia

( ) Automobilística, elétrica, química

7. Que tipos de indústria têm destaque:

a) em Guadalajara?

b) no Rio de Janeiro?

c) no Vale do Paraíba?

8. Observe o mapa "Grandes concentrações industriais na América" e responda às questões a seguir.

a) Que tipos de indústria têm destaque no Uruguai?

b) E na Venezuela?

> **Grandes empresas industriais**
>
> Em geral, as grandes empresas industriais que aparecem na América Latina são filiais de grandes conglomerados estrangeiros (multinacionais). Fixam-se fora de seus territórios, aumentando os seus domínios de mercado e impondo hábitos de consumo às populações.
>
> O aproveitamento de mão de obra farta e barata, em virtude do baixo nível educacional dos países, eleva o lucro no processo de comercialização dos produtos finais.
>
> Fica difícil, portanto, surgir a indústria nacional nos países latino-americanos, diante de concorrência tão desigual no setor.

9. Responda às questões a seguir.

a) Como são conhecidas as grandes empresas industriais que se fixam nos países subdesenvolvidos?

b) Caracterize-as.

10. Por que as multinacionais têm preferência em fixar-se em países subdesenvolvidos?

OS PAÍSES AMERICANOS

19. Países norte-americanos

CANADÁ

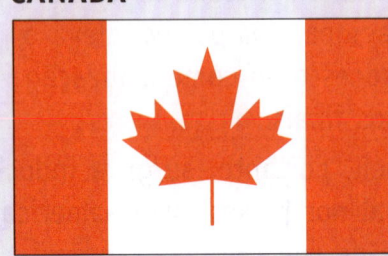

Área: 9.970.610 km² (2º do globo, 1º da América)
População em 2010: 35,3 milhões de habitantes
Idiomas: inglês e francês
Moeda: dólar canadense
Capital: Ottawa

Províncias canadenses

Fonte: *Natural Resources Canada.* Disponível em: < http://atlas.nrcan.gc.ca/site/english/maps/reference/index.html#provincesterritories/>. Acesso em: mar. 2013.

1. Calcule a densidade demográfica do Canadá e compare-a com a dos outros países americanos (tabela do capítulo 10). O Canadá é um país de forte povoamento?

2. Responda às questões a seguir.

a) Qual é a sua capital? Em que província ela se encontra?

b) Ao norte, o Canadá limita-se com o Mar Glacial Ártico. Quais são os outros limites?

c) Observe a localização do Canadá, consultando o planisfério do Miniatlas, e identifique em quais hemisférios ele se encontra e qual o paralelo importante que o atravessa.

3. Consulte o mapa físico da América do Norte (capítulo 6) e preencha as lacunas dos textos com as palavras do quadro.

> Montanhas Rochosas –
> Superior Ontário – Mackenzie
> Labrador – São Lourenço
> Canadense

a) A parte ocidental do relevo canadense apresenta elevadas montanhas, representadas na fachada litorânea pela Cadeia da Costa e, mais para o interior, pelas _____ e pelos montes Mackenzie (mais ao Norte).

b) Na parte central do país, está a Planície Central _____ e, na parte oriental, encontram-se os planaltos do _____ e Laurenciano.

c) O principal destaque da hidrografia canadense é a grande quantidade de lagos. Dos Grandes Lagos, quatro estão parcialmente no seu território: _____, Huron, Erie e _____.

d) Os rios mais expressivos são: o _____, o Yukon, o Fraser e o _____ – muito importante como via navegável, já que liga os Grandes Lagos ao oceano Atlântico.

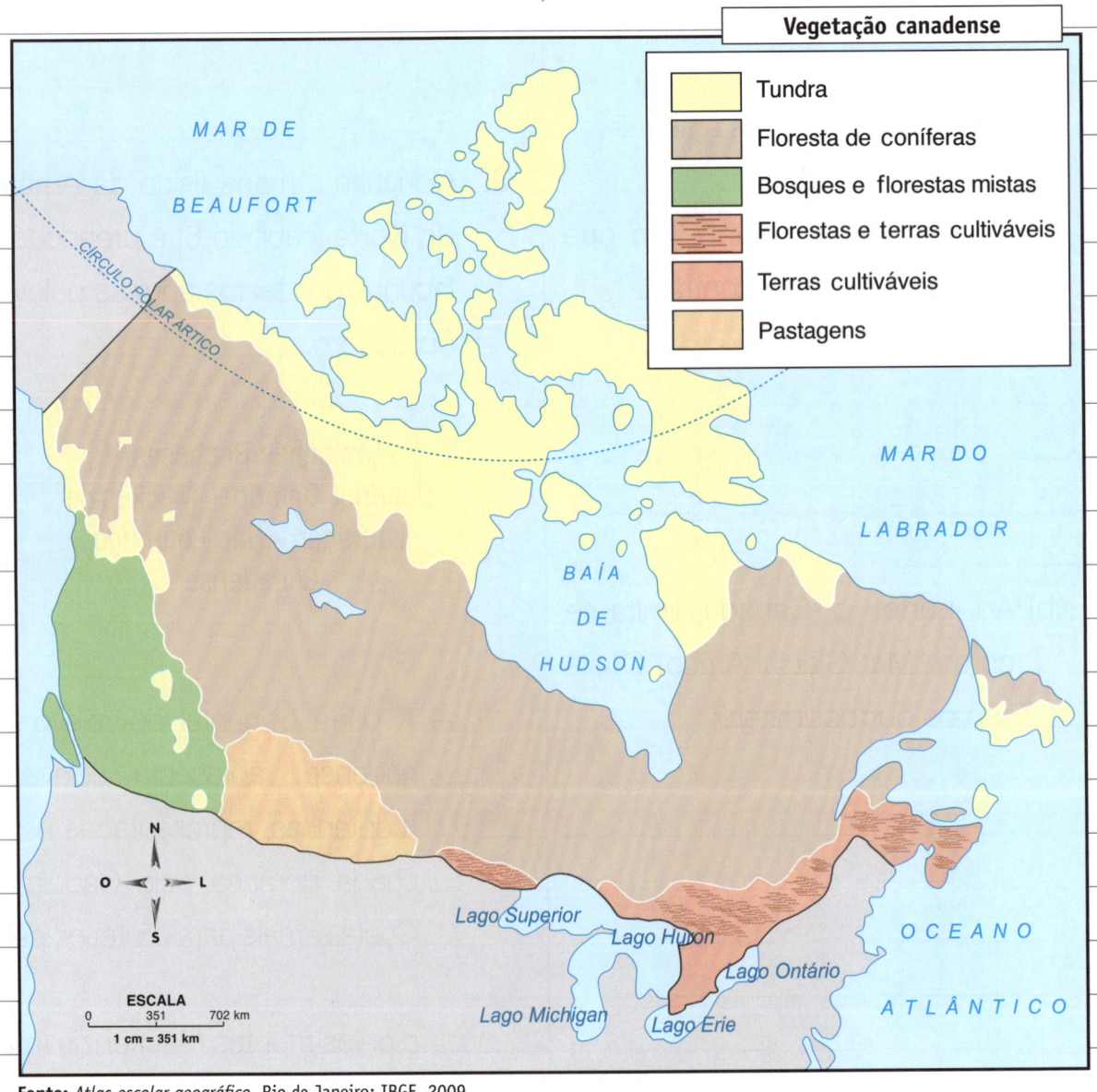

Vegetação canadense
- Tundra
- Floresta de coníferas
- Bosques e florestas mistas
- Florestas e terras cultiváveis
- Terras cultiváveis
- Pastagens

Fonte: *Atlas escolar geográfico*. Rio de Janeiro: IBGE, 2009.

4. Consulte o mapa do clima americano, no capítulo 9, e faça as relações entre o clima e a vegetação canadenses.

(a) Tundra
(b) Floresta de coníferas
(c) Bosques e florestas mistas
(d) Florestas e terras cultiváveis
(e) Pastagem

( ) Também conhecida como floresta fria ou boreal, apresenta uma importante paisagem arbórea, em regiões de clima subpolar, frio de montanha e temperado.

( ) Paisagem vegetal rasteira, associada ao clima temperado seco (zonas de domínio dos climas desértico e temperado), junto à planície Central.

( ) Vegetação constituída de musgos e liquens, presente na parte setentrional do Canadá, na área de domínio do clima polar.

( ) Vegetação arbórea presente no sudoeste do Canadá, onde predomina o clima temperado.

( ) Região de domínio exclusivo do clima temperado, importante no setor agrário.

A população do Canadá é predominantemente de origem europeia – francesa e principalmente inglesa, com pequeno percentual de índios e inuítes (conhecidos como esquimós).

A população de origem francesa concentram-se na província de Québec e, em razão disso, há movimentos em Québec para se tornar uma região independente do Canadá.

A população encontra-se irregularmente distribuída, devido, principalmente, às condições climáticas do país.

Québec é uma das principais cidades do Canadá.

5. Responda às questões a seguir.

a) Qual é a origem da população canadense?

b) Por que em Québec há movimentos pela independência?

c) Por que a população canadense é distribuída de maneira irregular?

6. Responda às questões a seguir.

a) Quais territórios compõem a região do Grande Norte?

b) Fale sobre a demografia dessa região.

c) Qual é o clima e a vegetação que predominam nessa região? Quais são os seus habitantes e de que forma eles obtêm alimentos?

Grande Norte

Os territórios de Yukon e Noroeste, mais o norte da província de Québec, são caracterizados por serem um verdadeiro "vazio demográfico" devido ao predomínio do clima frio polar – região da vegetação de tundra, habitada somente pelos inuítes (esquimós), cuja economia baseia-se na caça e na pesca de subsistência.

Ao sul, encontra-se a taiga (floresta de coníferas), onde o clima é mais ameno (temperado frio) e é desenvolvida a exploração madeireira.

d) Qual é o clima e a vegetação que podem ser encontrados ao sul? Qual é a atividade econômica desenvolvida nessa região?

Sudeste

Abrange o vale do rio São Lourenço e o norte dos Grandes Lagos – província de Ontário e o sul da província de Québec.

O sudeste do Canadá é uma das principais regiões industriais do mundo, onde há as maiores cidades: Toronto, Montreal e Ottawa e a maior concentração populacional do país (65%). A província de Ontário é a mais importante no setor industrial. Seus principais centros são Toronto, Hamilton e Windsor.

É no sudeste que predomina a criação intensiva de bovinos, com destaque para a produção leiteira. Aparecem também as granjas, com grande produção de aves e ovos. O clima mais brando – temperado continental – favorece a policultura alimentícia.

7. Responda às questões a seguir.

a) Que áreas canadenses compõem a região sudeste?

b) Como se destaca economicamente o sudeste canadense?

c) O sudeste é a maior região industrial do Canadá. Como isso interfere na distribuição da população canadense?

d) Quais são as maiores cidades canadenses?

e) Qual é a província canadense mais importante no setor industrial? Quais são seus principais centros?

> Junto à fronteira com os Estados Unidos, desenvolve-se a agricultura intensamente mecanizada de centeio, aveia, milho e cevada.
> Desenvolve-se também a pecuária extensiva destinada à engorda e ao corte.

8. Responda às questões a seguir.

a) Que províncias compõem a região centro-sul do Canadá?

f) Quais são as atividades agropastoris desenvolvidas no sudeste?

b) Que recursos minerais são extraídos junto às Montanhas Rochosas, na província de Alberta?

c) Que fatores favorecem o cultivo de cereais na planície Central?

> **"Prairie" ou Centro-Sul**
>
> São as províncias de Alberta, Manitoba e Saskatchewan, especialmente as planícies Centrais e as pradarias (campos), de clima temperado continental.
>
> São extraídos o petróleo, o gás e o carvão principalmente na província de Alberta, junto às Montanhas Rochosas.
>
> A terra de origem sedimentar na planície Central e o clima frio favorecem o cultivo de cereais, com destaque para o trigo.

d) Que atividade agrária é desenvolvida junto à fronteira com os Estados Unidos?

e) Que produtos estão associados a essa atividade?

f) Que outra atividade agropastoril é desenvolvida no centro-sul?

9. Responda às questões a seguir.

a) Quais são as principais atividades econômicas realizadas na Colúmbia Britânica?

b) Qual é a importância da corrente marinha do Japão na economia dessa região?

c) Quais são as principais atividades econômicas desenvolvidas nas planícies do Atlântico?

d) Qual é a principal cidade das planícies do Atlântico e como se destaca?

Sudoeste – Colúmbia Britânica

Região de colonização inglesa, tem a segunda maior concentração populacional do país, com destaque para a cidade de Vancouver.

Junto à floresta fria ou mista, é extraída madeira para fabricação de papel e celulose.

A Colúmbia Britânica ainda desenvolve a policultura alimentícia e a fruticultura, além da pesca, principalmente do salmão, cujo aparecimento de cardumes é favorecido pela corrente marinha do Japão.

Planícies do Atlântico

Abrangem todo o litoral do oceano Atlântico e têm sua economia baseada principalmente em atividades pesqueiras (favorecidas pela corrente marinha do Labrador, que conduz cardumes de bacalhau) e turismo.

A principal cidade é Halifax, na Nova Escócia, que possui um centro de indústria naval.

O Canadá tem como regime a monarquia parlamentarista, em que a chefia do governo é de incumbência de um primeiro-ministro e o legislativo é composto pelo Senado e pela Câmara dos Comuns.

A qualidade de vida no país é das mais altas do planeta, devido ao modelo cultural e ao desenvolvimento socioeconômico, com rígidas leis de controle ambiental.

País exportador

O país é grande exportador de veículos, equipamentos industriais, produtos agrícolas, papel jornal e minérios. É sede de diversas empresas multinacionais e apresenta estreitos laços comerciais com Japão, Alemanha e Estados Unidos – com o qual possui um acordo de livre-comércio, que serve de base para o Acordo de Livre-Comércio na América do Norte (Nafta) –, tendo portos importantes nas cidades de Vancouver, Montreal e Halifax.

10. Responda às questões a seguir.

a) Explique o regime de governo do Canadá.

b) Quais são os principais fatores que levaram o Canadá a ter uma alta qualidade de vida?

11. Responda às questões a seguir.

a) Quais são os principais produtos da exportação canadense?

b) Qual é a importância do tratado de livre-comércio entre Estados Unidos e Canadá?

ESTADOS UNIDOS

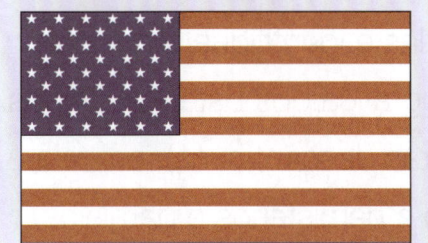

Área: Terras contínuas – 7.825.155 km² Alasca e Havaí – 1.547.459 km²
População em 2010: 322,2 milhões de habitantes
Idiomas: inglês (oficial) e espanhol
Moeda: dólar americano
Capital: Washington D.C.

Estados Unidos – Político

Fonte: *Atlas Geográfico Espaço Mundial.* São Paulo: Moderna, 2010.

12. Responda às questões a seguir.

a) Calcule a densidade demográfica dos Estados Unidos (utilize também a área de terras descontínuas).

b) Qual é a capital dos Estados Unidos? Em que estado se localiza?

c) Observe o mapa e identifique os limites territoriais dos Estados Unidos.

d) Observe o planisfério do Miniatlas e identifique a posição geográfica dos Estados Unidos (terras descontínuas), em relação a hemisférios e paralelos importantes.

Estados Unidos – Físico

Fonte: *Atlas geográfico escolar*. Rio de Janeiro: IBGE, 2009.

13. Observe o mapa acima e complete as lacunas dos textos com as palavras do quadro.

> montes Apalaches – Cadeia da Costa
> Colorado – Mississippi-Missouri
> Serra Nevada – Colúmbia
> Hudson – Cadeia das Cascatas
> Michigan – Superior

a) Na parte oeste dos Estados Unidos, encontram-se as montanhas elevadas, constituídas pelas Rochosas, _____, _____ e _____. Aparecem alongadas no sentido noroeste – sudeste, intercaladas com planaltos, como o do Colorado e da Grande Bacia.

b) Na parte leste dos Estados Unidos, temos as montanhas antigas, representadas pelos _____, terras que se encontram mais desgastadas pela erosão.

c) No rebaixamento central, está a maior bacia hidrográfica dos Estados Unidos: a do _____.
Fazem parte desse conjunto vários rios importantes, como o Mississippi, o Missouri, o Ohio, o Tennessee, o Arkansas e o Vermelho.

d) Dos rios que deságuam no Pacífico, os mais importantes são o _____ e o _____. Dos que deságuam no Atlântico, temos os rios _____ e Delaware, que atravessam, respectivamente, as cidades de Nova York e Filadélfia.

e) Em termos de paisagem lacustre, o maior destaque é o conjunto dos Grandes Lagos: _____ Huron, Erie, Ontário e _____.

Temperado

Clima predominante nos Estados Unidos, associado a paisagens florestais temperadas ou mistas nas fachadas litorâneas, onde a pluviosidade é maior.

- **Temperado oceânico** – ocorre no meio-leste dos Estados Unidos, onde a influência do oceano é facilitada pela baixa altitude dos montes Apalaches.

- **Temperado continental** – ocorre na parte central do território, onde predominam as pradarias (formações herbáceas), e é caracterizado por apresentar menor pluviosidade e "radicalidade" (inverno gelado e verão quente).

Frio

Ocorre no Alasca e nas regiões montanhosas da parte ocidental dos Estados Unidos, associado à vegetação da tundra e às coníferas nas regiões de temperaturas mais amenas.

Desértico

Ocorre na parte oeste, em bolsões secos que impedem a penetração de umidade, associado a uma vegetação pobre, constituída de cactáceas.

Nas regiões de transição entre os climas temperado continental e desértico, temos os climas semiáridos, associados à vegetação de estepes.

14. Associe os climas às vegetações.

(1) Temperado ( ) tundra e coníferas

(2) Frio ( ) cactáceas

(3) Desértico ( ) florestas

A maioria étnica da população dos Estados Unidos é branca, aproximadamente 80%. Os negros constituem 12% do efetivo do país, e o restante é composto por asiáticos e uma minoria índia.

Os negros concentram-se nos estados do Sul; os asiáticos, no litoral do Pacífico.

Os latino-americanos são principalmente mexicanos, porto-riquenhos e cubanos.

É frequente a entrada de imigrantes clandestinos, que vivem ilegalmente no país e sujeitam-se a trabalhos mal remunerados.

15. Responda às questões a seguir.

a) Quais são as etnias que compõem a população dos Estados Unidos?

b) Onde se concentram os negros? E os asiáticos?

c) De onde vêm principalmente os latino-americanos?

d) A que tipo de trabalho se sujeitam os imigrantes clandestinos?

Distribuição populacional

A distribuição populacional é irregular, com grandes concentrações junto às regiões de maior desenvolvimento econômico. Os "vazios demográficos" ocorrem em trechos de climas frios e áridos.

No nordeste, há a maior densidade demográfica do país: as cidades de Boston, Nova York, Filadélfia, Wilmington, Baltimore e Washington formam a maior megalópole americana.

Outro centro de grande densidade localiza-se junto aos Grandes Lagos, em que as cidades de Chicago e Detroit são as mais importantes.

No oeste, há outros adensamentos, como Seattle, San Francisco, Los Angeles e San Diego.

Los Angeles é a maior cidade da Costa Oeste dos Estados Unidos.

16. Responda às questões a seguir.

a) Explique por que a distribuição populacional dos Estados Unidos é irregular.

b) Quais cidades formam a maior megalópole americana e em que parte do país ela se localiza?

c) Quais são as cidades mais importantes que compõem o centro que se localiza junto aos Grandes Lagos?

d) Cite os adensamentos populacionais do oeste.

> Os Estados Unidos apresentam um regime democrático, com um sistema republicano e presidencialista, no qual o chefe de governo é o presidente, eleito periodicamente para o cargo. O Poder Legislativo é exercido pelo Congresso, formado pelo Senado e pela Câmara dos Representantes.

17. Responda às questões a seguir.

a) Qual é o regime político dos Estados Unidos?

b) O que compõe o Poder Legislativo?

> Os Estados Unidos apresentam uma das economias mais desenvolvidas do mundo, tendo sua produção sofisticada e elevada em quase todos os setores. Na agricultura há elevado nível de mecanização, em que os *belts* (cinturões de cultivo) são a região de maior importância no setor.

18. Responda às questões a seguir.

a) Quais são as duas características básicas da produção dos Estados Unidos?

b) O que caracteriza a agricultura dos Estados Unidos?

c) Quais são as regiões de maior importância da agricultura dos Estados Unidos?

d) Consulte o capítulo 14 e identifique quais são os produtos cultivados nesses cinturões e qual a área dos Estados Unidos que ocupam.

As regiões estadunidenses

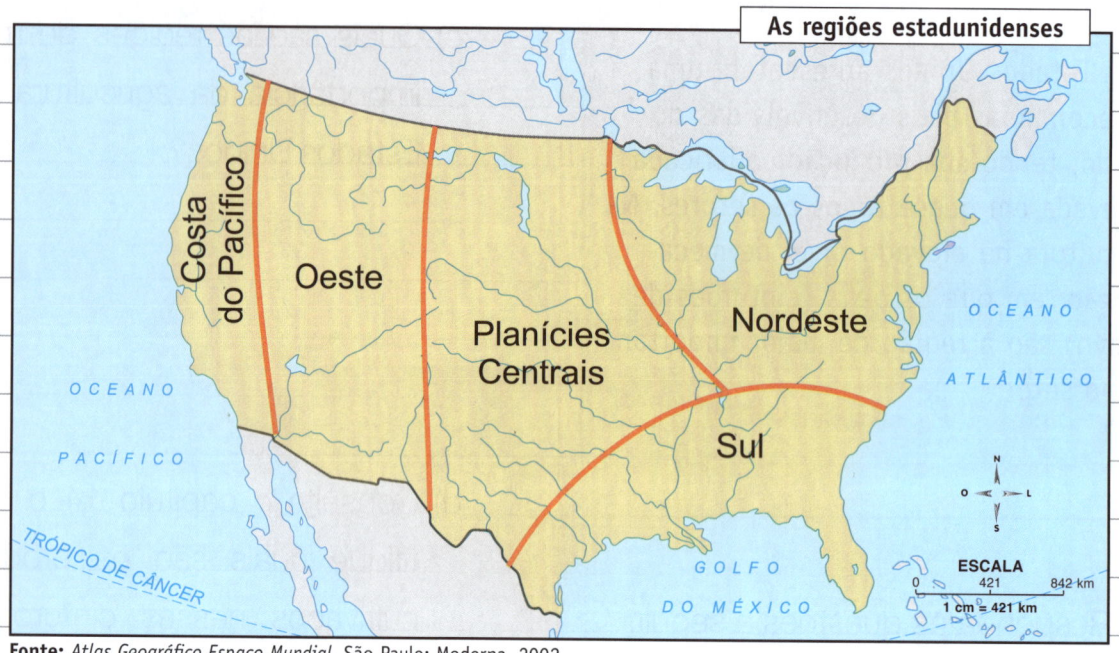

Fonte: *Atlas Geográfico Espaço Mundial.* São Paulo: Moderna, 2002.

Sul

Nessa região predominam as planícies e o clima subtropical. Desenvolve-se a fruticultura (*fruit belt*) e os cultivos de arroz, cana-de-açúcar e tabaco na península da Flórida e fachada do golfo do México – onde há a exploração de petróleo e gás natural.

A indústria extrativa mineral associa-se também ao aproveitamento industrial de estanho, chumbo, ouro e zinco.

O grande centro industrial da região é Houston, com destaque para as indústrias petroquímica, alimentícia e têxtil, metalúrgica e de alumínio.

19. Responda às questões a seguir.

a) Cite o relevo e o clima da região Sul dos Estados Unidos.

b) Quais são os produtos agrícolas cultivados nessa região?

c) Quais são os principais minerais extraídos do Golfo do México?

d) Quais são os outros produtos minerais aproveitados na indústria extrativa mineral?

e) Onde fica o centro industrial da região Sul dos Estados Unidos e quais são as indústrias que nele se destacam?

b) Que recursos naturais da região favorecem essa concentração industrial?

c) Quais são as indústrias de destaque na região?

Nordeste

Encontra-se ao sul dos Grandes Lagos, onde há a maior concentração urbana e industrial do globo, ocupada por cerca de 50% da população absoluta dos Estados Unidos.

O carvão explorado junto aos Montes Apalaches e o minério de ferro, próximo ao Lago Superior, abastecem grande parte das indústrias, as quais têm como destaque siderurgia, metalurgia, química, mecânica, automobilística e eletrônica.

A via de escoamento da maior parte da produção são os Grandes Lagos, junto com o rio São Lourenço.

d) Qual é a via de escoamento da maior parte da produção dessa região?

20. Responda às questões a seguir.

a) Como se destaca mundialmente a região Nordeste dos EUA?

Planícies Centrais

Região das pradarias, esse é o celeiro agrícola dos Estados Unidos, onde estão o *wheat belt* e o *corn belt*.

Muito bem desenvolvida, a agroindústria utiliza a rede hidrográfica navegável para escoar seus produtos, com destaque para o complexo Mississippi-Missouri.

Oeste

Região de "vazio demográfico", onde predominam as estepes e os climas áridos. Há a exploração de minérios junto às Rochosas, com destaque para o cobre.

Há também o cultivo de irrigação (legumes e frutas) e a criação de equinos, suínos, ovinos e galináceos.

Costa do Pacífico

Estreita planície limitada a leste pela Cadeia da Costa, em que os rios destacam-se pelo potencial hidrelétrico e pela irrigação.

Desenvolvem-se na região a fruticultura (Califórnia) e a exploração de petróleo.

Destacam-se os centros industriais de setores aeronáutico, mecânico, siderúrgico, alimentar, cinematográfico, eletrônico e petroquímico.

21. Responda às questões a seguir.

a) Como se destacam as planícies Centrais na economia dos Estados Unidos?

b) Como são escoados seus produtos?

c) Cite o clima e a vegetação predominantes na região Oeste dos Estados Unidos.

d) Quais são as atividades econômicas de destaque dessa região?

e) Como se destaca a hidrografia da Costa do Pacífico?

f) Quais são as indústrias de destaque dessa região?

MÉXICO

Área: 1.972.547 km²
População em 2010: 114 milhões
Idiomas: espanhol (oficial), línguas indígenas
Moeda: peso novo americano
Capital: Cidade do México

Fonte: *Atlas geográfico escolar*. Rio de Janeiro: IBGE, 2009.

22. Responda às questões a seguir.

a) Calcule a densidade demográfica do México.

b) Qual é a capital do México?

c) Observe o mapa e identifique os limites territoriais do México.

d) Observe o planisfério do Miniatlas e identifique a posição geográfica do México em relação a hemisférios e paralelos importantes.

23. Preencha as lacunas dos textos com as palavras do quadro.

> Planalto Central Mexicano – Toronto Oriental – Ocidental – Pánuco península de Iucatã

a) O relevo mexicano é bastante montanhoso. Nele aparecem os desdobramentos das Montanhas Rochosas conhecidos por Sierras Madres _____, _____ e do Sul.

b) Entre essas elevações está o _____, de origem vulcânica. Nas regiões litorâneas há planícies sedimentares, mais alongadas na parte leste: a Planície do Golfo e a Planície da _____.

c) Os rios mais importantes do país são: Bravo del Norte/Grande, Balsas, _____, Yaqui e Grijalva. Os principais lagos são: Chapala, _____ e Texcoco.

> O clima da região é basicamente quente. Nas porções litorâneas predomina o tropical, enquanto nos trechos montanhosos temos os climas temperado e frio. Ao norte estão os climas árido e semiárido, nas regiões desérticas.
>
> A vegetação da costa leste meridional é florestal, densa e heterogênea. Nas regiões semiúmidas aparecem os arbustos do tipo das savanas, enquanto nas regiões mais elevadas destacam-se as coníferas e os campos. Ao norte predominam as cactáceas, com manchas de estepes.

24. Complete o diagrama a seguir.
1. Regiões ao norte
2. Clima das porções litorâneas
3. Clima dos trechos montanhosos
4. Clima da porção norte
5. Clima dos trechos montanhosos

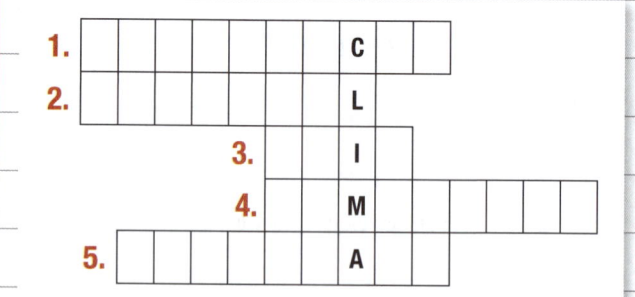

```
1. _ _ _ _ _ C _ _
2. _ _ _ _ L _
      3. _ I _ _
      4. _ _ M _ _ _ _
5. _ _ _ _ A
```

25. Relacione as paisagens vegetais com as regiões mexicanas.

(1) costa leste meridional
(2) regiões semiúmidas
(3) regiões mais elevadas
(4) porção norte

( ) coníferas e campos
( ) vegetação florestal, densa e heterogênea
( ) cactáceas
( ) arbustos

> O México é o segundo país mais populoso da América Latina. Sua população concentra-se no Planalto Central, onde estão os principais centros urbanos: Cidade do México, Guadalajara, Monterrey, Netzahualcóyotl e Puebla.
>
> Predominantemente mestiça (cruzamento entre espanhóis e indígenas), a população mexicana possui baixo nível de escolaridade, altas taxas de analfabetismo e altíssimos índices de mortalidade infantil.
>
> Há tantos deslocamentos internos (êxodo rural), como também emigrações, principalmente para os Estados Unidos. A emigração de caráter temporário caracteriza os *braceros* – jovens que trabalham nas safras agrícolas dos Estados Unidos.

26. Responda às questões a seguir.

a) Onde se concentra a população mexicana? Quais são os centros urbanos do México?

b) Qual é a origem da população mexicana?

c) Quais são as características da população mexicana?

d) Quem são os *braceros*? Que tipo de emigração eles caracterizam?

O sistema de governo do México é republicano e presidencialista. O chefe de governo é o presidente, eleito periodicamente.

O Poder Legislativo é composto pelo Senado e pela Câmara dos Deputados.

A pecuária ocupa parte significativa do território mexicano, principalmente na porção centro-norte, com predomínio da criação extensiva de bovinos. Além disso, o país possui grandes rebanhos de equinos, suínos, caprinos e ovinos.

Na área do triângulo formado pelas cidades de Monterrey, Guadalajara e a capital, Cidade do México, são desenvolvidos os principais produtos: milho, trigo e soja. Mas também se cultivam produtos em escala comercial, no sistema de monocultura: algodão, ao norte, e café, ao sul, além da cana-de-açúcar.

A pesca é realizada principalmente no litoral do Pacífico. O extrativismo vegetal tem como destaque o aproveitamento da madeira das matas tropicais, do tanino e do chicle.

O México é um dos maiores produtores mundiais de petróleo, mas não pertence à Organização dos Países Exportadores de Petróleo (Opep). Não há uma explicação clara para esse fato, os diversos esclarecimentos são contraditórios e alinhados a interesses econômicos.

27. Responda às questões a seguir.

a) Explique o sistema de governo mexicano.

b) Quem compõe o Poder Legislativo?

28. Responda às questões a seguir.

a) Qual atividade econômica ocupa grande parte do território mexicano? Em que região ela se encontra?

b) Que outros rebanhos apresenta o país?

c) Quais são os principais produtos agrários produzidos no México? Onde são produzidos?

d) Quais são os produtos cultivados em escala comercial? Onde e como são produzidos?

e) Onde é realizada a pesca?

f) Por que o México, apesar de ser um dos maiores produtores mundiais de petróleo, não pertence à Opep?

Indústria no México

O parque industrial do México é dominado pelas multinacionais, que se concentram em torno dos grandes centros urbanos.

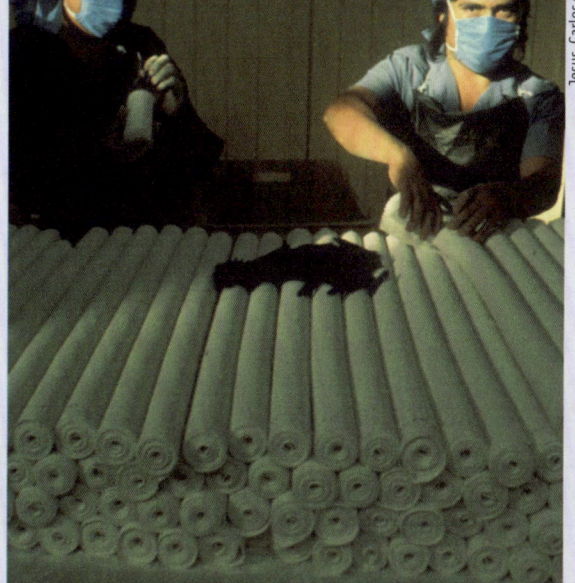

Trabalho em indústria mexicana.

Cidades	Indústrias
Cidade do México	automobilística, elétrica, química, metalúrgica e têxtil
Guadalajara	metalúrgica, química e de produtos agrícolas
Monterrey	siderúrgica, metalúrgica, elétrica e mecânica
Veracruz	metalúrgica e química

29. Relacione as cidades mexicanas com os setores industriais:

Cidade do México   elétrica

Guadalajara   química

Monterrey   mecânica

Veracruz   têxtil

                        metalúrgica

                        siderúrgica

                        automobilística

                        produtos agrícolas

20. Países centro-americanos continentais

1. Consulte o planisfério do Miniatlas e responda às questões a seguir.

a) Quais são os limites territoriais da América Central continental (ou ístmica)?

b) Identifique a posição geográfica da América Central continental em relação aos hemisférios e paralelos importantes.

Países centro-americanos continentais

Fonte: *Atlas geográfico escolar*. Rio de Janeiro: IBGE, 2009.

2. Preencha as lacunas dos textos com as palavras do quadro.

> Sierra – Nicarágua – planaltos
> Coco – planícies – savanas
> florestas tropicais

a) No relevo da América Central continental predominam as terras baixas, mas existem montanhas na porção ocidental. É o terreno de estrutura geológica recente da _____ Madre, onde se destacam as cordilheiras de Isabela e Talamanca.

b) As _____ costeiras são mais extensas na fachada do Mar das Antilhas. Entre as cordilheiras e as planícies situam-se os _____.

c) Quanto à hidrografia, destacam-se os lagos _____, Manágua e Isabal, além dos rios _____, San Juan e Segóvia.

d) O clima predominante no continente é tropical e encontra-se associado às _____ e _____. Com a variação da altitude altera-se o quadro climatobotânico.

BELIZE

Área: 22.965 km²

População em 2010: 314 mil

Idiomas: inglês (oficial), crioulo de matiz inglesa, espanhol, garifuna, maia, quéchira e dialeto alemão

Moeda: dólar de Belize

Capital: Belmopan

O governo é chefiado por um primeiro-ministro, mas o chefe de Estado é o do Reino Unido, que ainda hoje mantém tropas no país, por causa dos conflitos de fronteira com a Guatemala.

Fonte: *Atlas geográfico escolar*. Rio de Janeiro: IBGE, 2009.

A economia desse pequeno país é essencialmente agrária, dependendo de produtos como cana-de-açúcar, frutas cítricas e banana.

COSTA RICA

Área: 51.100 km²

População em 2010: 4,7 milhões

Idioma: Espanhol

Moeda: colón costarriquenho

Capital: San José

Fonte: *Atlas geográfico escolar*. Rio de Janeiro: IBGE, 2009.

Costa Rica, o paraíso da América Central.

É considerado o mais importante dos sete países continentais centro-americanos. É o mais desenvolvido economicamente e goza de estabilidade política num regime de república presidencialista.

Os Estados Unidos são responsáveis por mais da metade das exportações e importações da Costa Rica, que tem no café, na banana, no cacau e na cana-de-açúcar seus principais produtos.

EL SALVADOR

Área: 21.041 km²
População em 2010: 6,2 milhões
Idioma: espanhol
Moeda: colón salvadorenho
Capital: San Salvador

Fonte: *Atlas geográfico escolar*. Rio de Janeiro: IBGE, 2009.

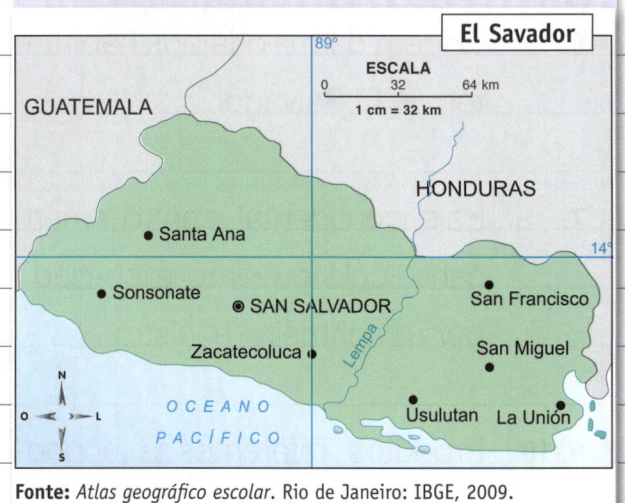

É o menor país da América Central continental; densamente povoado, com maioria de origem africana.

Ainda desestruturado politicamente, El Salvador tenta reconstruir sua economia. O país tem indústrias têxteis e de cimento; produz café, algodão, açúcar e arroz. Exporta bálsamo, café e algodão, principalmente para os Estados Unidos, também seu maior fornecedor.

3. Responda às questões a seguir.

a) Calcule as densidades demográficas de Belize, Costa Rica e El Salvador, e ordene-as em ordem decrescente.

b) Cite as capitais desses três países.

4. Relacione os países com os textos.

1 – Belize
2 – Costa Rica
3 – El Salvador

( ) O país é banhado por dois oceanos e ainda preserva suas florestas, nas quais abriga animais de espécies raras.

( ) Situado na península de Iucatã, num território baixo e pantanoso que se eleva no interior, onde aparecem algumas montanhas de altitudes modestas.

( ) Vivendo constantemente sob guerras e guerrilhas, sofrendo a falta de alimentos, a fuga de capitais e a destruição das estruturas socioeconômicas, grande parte da população emigra para os países vizinhos e para os Estados Unidos.

5. Complete o diagrama a seguir.

1. País mais desenvolvido economicamente na América Central continental.

2. Menor país da América Central continental.

3./4. Indústrias de El Salvador.

5. Regime de governo da Costa Rica.

6. Origem da maioria dos habitantes de El Salvador.

7. País continental centro-americano, cujo governo é chefiado por um primeiro-ministro.

8./9./10. Produtos referentes à economia do país do item E.

11. País com o qual Belize tem conflitos de fronteira.

GUATEMALA

Área: 108.889 km²
População em 2010: 14,5 milhões
Idiomas: espanhol (oficial) e línguas indígenas
Moeda: quetzal
Capital: Guatemala

Fonte: *Atlas geográfico escolar*. Rio de Janeiro: IBGE, 2009.

A Guatemala é um dos mais ricos países da América Central. É também o mais populoso; contudo a maioria da população é analfabeta e vive principalmente na zona rural.

Os principais produtos do país, café, açúcar e banana, são exportados, principalmente, para os Estados Unidos.

HONDURAS

Área: 112.088 km²
População em 2010: 7,6 milhões
Idioma: espanhol
Moeda: lempira
Capital: Tegucigalpa

Honduras

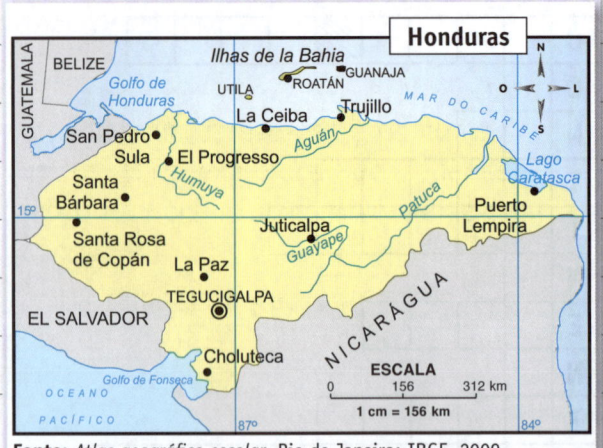

Fonte: *Atlas geográfico escolar*. Rio de Janeiro: IBGE, 2009.

Honduras é um dos países mais pobres do hemisfério Ocidental. Os hondurenhos, na maioria mestiços de índios com espanhóis, mais da metade da população vive em condições de miséria; há 20% de analfabetos. A renda *per capita* está entre as 60 mais baixas do mundo.

O país apresenta reservas minerais, mas estas permanecem inexploradas. Atualmente, Honduras depende da sua escassa atividade agrícola, produzindo banana, café, açúcar, algodão e milho.

6. Responda às questões a seguir.

a) Quais são as capitais da Guatemala e de Honduras?

b) Calcule as densidades demográficas da Guatemala e de Honduras.

c) Identifique os limites territoriais da Guatemala e de Honduras.

7. Responda às questões a seguir.

a) Como se destaca a Guatemala na América Central?

b) Quais os principais produtos da Guatemala e qual o seu destino?

c) Como vive a maioria da população de Honduras?

d) Quais os produtos decorrentes da escassa atividade agrícola de Honduras?

Nicarágua

Fonte: *Atlas geográfico escolar*. Rio de Janeiro: IBGE, 2009.

Sob clima tropical, amenizado em parte pela altitude, os nicaraguenses plantam milho, arroz, mandioca, batata e banana para consumo interno; e algodão, café e açúcar para exportar.

Na Nicarágua, há exploração de recursos minerais: ouro, zinco e petróleo; mas o país, recém-saído de uma guerra civil, ainda não conseguiu se recuperar.

Vista de Manágua, capital da Nicarágua.

NICARÁGUA

Área: 130.682 km²
População em 2010: 5,8 milhões
Idiomas: espanhol (oficial) e inglês
Moeda: córdoba ouro
Capital: Manágua

PANAMÁ

Área: 75.517 km²
População em 2010: 3,5 milhões
Idioma: espanhol
Moeda: balboa
Capital: Cidade do Panamá

Fonte: *Atlas geográfico escolar*. Rio de Janeiro: IBGE, 2009.

O território panamenho já foi muito disputado por causa da ligação entre os oceanos Pacífico e Atlântico.

Hoje, o canal do Panamá dá ao país a condição econômica de segundo lugar na América Central continental.

O país possui reservas de cobre e carvão, mas são pouco exploradas. O setor de serviços é que garante 75% do PIB, pois o Panamá é um "paraíso fiscal", oferece facilidades para registro de navios e tem grande movimento na Zona de Livre-Comércio, em Colón.

8. Responda às questões a seguir.

a) Calcule as densidades demográficas de Nicarágua e Panamá. Considerando as densidades demográficas já calculadas, ordene os países da América Central continental em ordem decrescente.

b) Quais são as capitais de Nicarágua e Panamá?

c) Em relação à economia da Nicarágua, identifique os produtos agrícolas de consumo interno e voltados para a exportação, e cite os recursos minerais explorados.

d) Qual a importância do canal do Panamá? Como ele interfere na condução econômica do país?

e) Por que, no Panamá, o setor de serviços garante 75% do PIB?

9. Complete o diagrama com os países da América Central ístmica.

I
S
T
M
I
C
A

21. Países centro-americanos insulares

A América Central insular é constituída pelas Grandes e Pequenas Antilhas.

O relevo é formado de montanhas intercaladas por estreitas planícies e a vegetação regional é tropical, com domínio de florestas e savanas.

O clima dominante em toda a região é o tropical. As ilhas são assoladas por violentos furacões, em virtude das variações de pressão atmosférica que ocorrem nessa porção do globo.

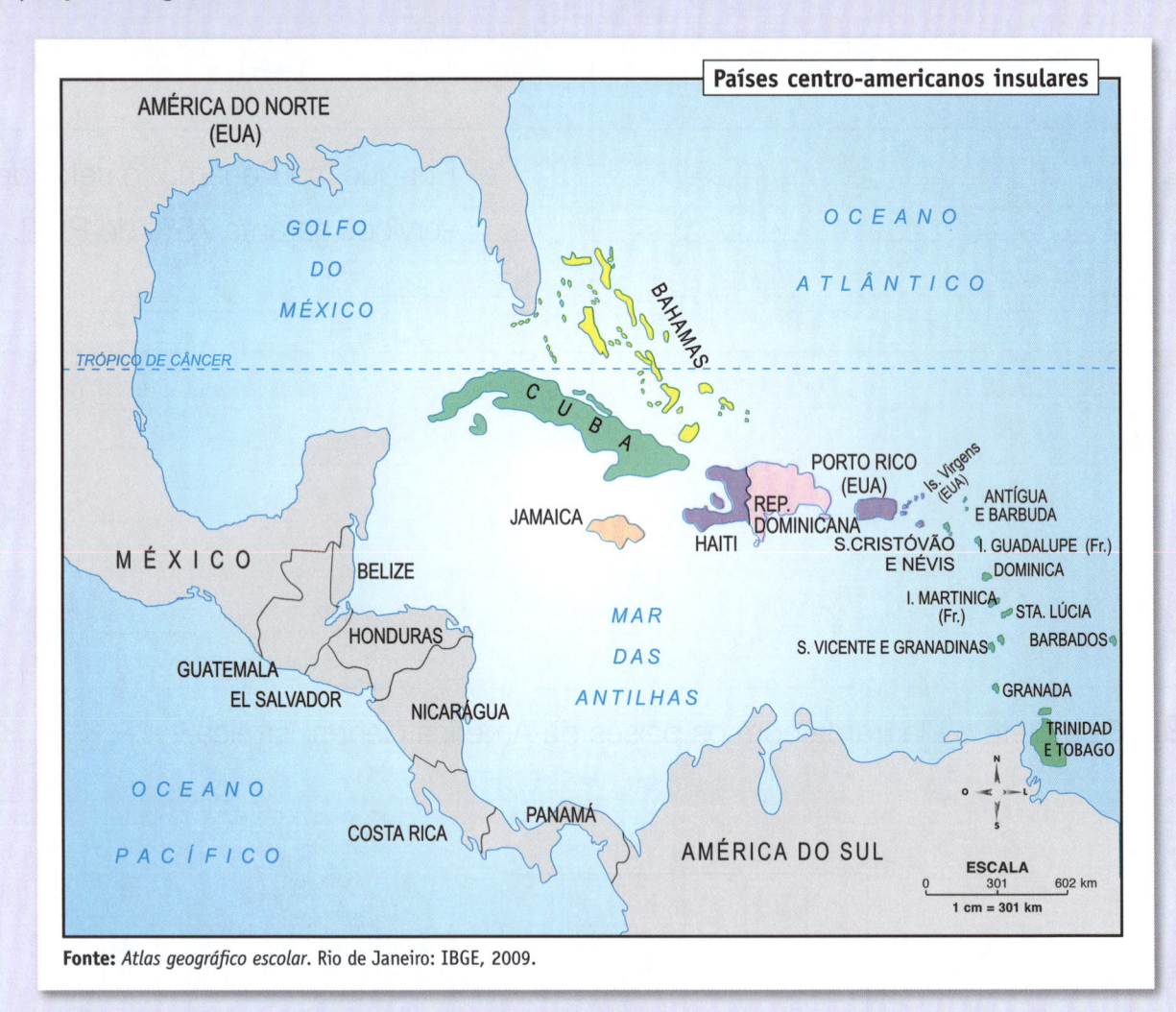

Países centro-americanos insulares

Fonte: *Atlas geográfico escolar*. Rio de Janeiro: IBGE, 2009.

1. Consulte o planisfério do Miniatlas e identifique os territórios que formam as Grandes Antilhas, sabendo que estes são os de maior extensão da América Central insular.

Grandes Antilhas

JAMAICA

Área: 10.991 km²
População em 2010: 2,7 milhões
Idiomas: inglês (oficial) e dialeto local
Moeda: dólar jamaicano
Capital: Kingston

Fonte: Atlas geográfico escolar. Rio de Janeiro: IBGE, 2009.

A Jamaica é um país independente que pertence à Comunidade Britânica, ou seja, é governada por um primeiro-ministro na ilha, mas seu chefe de Estado é o do Reino Unido, num regime de monarquia parlamentarista.

Serviços como os oferecidos no turismo compõem 65% do PIB.

A bauxita é o principal produto de sua exportação, havendo também monoculturas de cana-de-açúcar, banana e outras frutas.

HAITI

Área: 27.400 km²
População em 2010: 20 milhões
Idioma: francês e crioulo
Moeda: gourde
Capital: Porto Príncipe

Fonte: Atlas Geográfico Escolar. Rio de Janeiro: IBGE, 2009.

O Haiti é um dos países mais pobres do mundo e, apesar dos empréstimos do Banco Mundial e do Fundo Monetário Internacional (FMI), o país tem hoje uma economia bastante enfraquecida.

Praticamente sem indústrias, o Haiti sempre viveu da exportação de produtos agrícolas tropicais, mas atualmente mais de 95% da sua população economicamente ativa está desempregada. Há, no país, 47% de analfabetos.

O Haiti é o país mais pobre das Américas.

2. Responda às questões a seguir.

a) Calcule as densidades demográficas da Jamaica e do Haiti.

b) Identifique suas capitais.

3. Responda às questões a seguir.

a) A Jamaica é um país independente que pertence à Comunidade Britânica. Identifique o país da América Central continental que também pertence à Comunidade Britânica e explique como funciona o regime de governo desses dois países.

b) Identifique características que retratam a pobreza do Haiti.

c) Identifique os principais produtos da economia jamaicana.

Pobre e densamente povoada, a República Dominicana tenta conter a entrada de haitianos, que buscam nas plantações de cana-de-açúcar, café e tabaco refúgio contra a fome em seu país de origem.

REPÚBLICA DOMINICANA

Área: 48.442 km²
População em 2010: 10 milhões
Idioma: espanhol
Moeda: peso dominicano
Capital: Santo Domingo

Fonte: Atlas Geográfico Escolar. Rio de Janeiro: IBGE, 2009.

A República Dominicana divide com o Haiti a ilha de Hispaniola, que ocupa posição estratégica entre Cuba e Porto Rico.

As belezas naturais dão base ao turismo, embalado pelo ritmo nacional do merengue.

PORTO RICO

Área: 8.959 km²
População em 2010: 3,8 milhões
Idiomas: espanhol e inglês
Moeda: dólar americano
Capital: San Juan

Porto Rico foi colônia espanhola até 1898, quando foi cedido aos Estados Unidos após a Guerra Hispano-Americana. Continua submetido a esse país na condição de Estado Livre e Associado. Elege seu próprio governador e seu Parlamento. Há eleições abertas sobre a relação da Ilha com os Estados Unidos.

A ilha produz cana-de-açúcar, banana, tabaco e café. Mas as transações comerciais são estabelecidas exclusivamente com os Estados Unidos, que, com o fim da Guerra Fria, cortaram vantagens fiscais, acarretando estagnação do crescimento econômico e aumento do desemprego, principalmente na indústria, na construção e nos serviços públicos de Porto Rico.

San Juan, capital de Porto Rico.

4. Calcule as densidades demográficas de República Dominicana e Porto Rico e identifique suas capitais.

5. Responda às questões a seguir.

a) Qual é a importância da ilha de Hispaniola e quais países a compõem?

b) O que buscam os haitianos na República Dominicana?

6. Responda às questões a seguir.

a) Quando a ilha de Porto Rico foi cedida aos Estados Unidos? Em que condição está submetida a esse país?

b) Quais os produtos da economia porto-riquenha?

c) Quais foram as consequências decorrentes do corte das vantagens fiscais de Porto Rico, efetuado pelos Estados Unidos com o fim da Guerra Fria?

CUBA

Área: 110.922 km²
População em 2010: 11,5 milhões
Idioma: espanhol
Moeda: peso cubano
Capital: Havana

Fonte: *Atlas geográfico escolar*. Rio de Janeiro: IBGE, 2009.

> Durante o período da chamada Guerra Fria, o país, sob domínio de Fidel Castro, recebeu maciço investimento da então União Soviética (URSS), sendo utilizado pelos socialistas como modelo de desenvolvimento, oferecendo educação e saúde de boa qualidade para todo o povo.
>
> Entretanto, com o fim da União Soviética, os investimentos cessaram, e Cuba viu-se desamparada e às voltas com o bloqueio econômico imposto pelos Estados Unidos.
>
> Em 2008 Fidel Castro passou o cargo de presidente a seu irmão mais novo, Raul Castro, que proporcionou ao país uma moderada abertura econômica.

7. Calcule a densidade demográfica de Cuba e identifique sua capital.

8. Responda às questões a seguir.

a) A América Central sempre foi um ponto de disputa entre os soviéticos e os americanos. Como Cuba se insere nesse contexto?

b) O que aconteceu a Cuba após o fim da União Soviética?

9. Identifique a que territórios da América Central insular referem-se os textos a seguir.

a) Atualmente, a fonte do seu PIB está no turismo. A ilha tem uma das melhores redes hoteleiras do Caribe, inúmeras belezas naturais e ainda é considerada "o berço do *reggae*".

b) Em plebiscito, a população votou pela cidadania norte-americana, mas essa decisão foi rejeitada pela Casa Branca (EUA).

c) Com a abertura da economia, o governo socialista tenta superar as dificuldades de um modelo de produção que vem desde a chegada de Cristóvão Colombo – a exportação de cana-de-açúcar e de fumo.

d) O país também possui sérios problemas econômicos e sociais, mas encontra-se mais estabilizado politicamente que o seu vizinho Haiti.

e) Em 1991, o presidente foi deposto por um novo golpe militar e se exilou nos Estados Unidos, que, preocupados com o êxodo de refugiados para o seu território e a ameaça aos seus interesses econômicos na ilha, intervieram por meio da ONU, que enviou tropas a Porto Príncipe para garantir a volta do presidente ao governo do país.

22. Os países andinos

Países andinos

Fonte: *Atlas geográfico escolar.* Rio de Janeiro: IBGE, 2009.

Na cordilheira dos Andes estão as montanhas mais altas das Américas.

A América andina é atravessada pelas linhas do Equador e do Trópico de Capricórnio.

O relevo é marcado pela cordilheira dos Andes, na faixa do Pacífico, e por planícies sedimentares na sua parte leste.

Os rios que deságuam no Pacífico são, em geral, pouco extensos e de desníveis bastante acentuados, enquanto as encostas orientais andinas são vertentes de importantes rios do continente, como o Amazonas.

Há predominância dos climas quentes do tipo equatorial e tropical, porém, há também os climas frio, temperado e desértico.

A paisagem vegetal, associada aos tipos climáticos, é bastante diversificada. São comuns as florestas equatorial e tropical, as savanas, as cactáceas e os herbáceos.

1. Observe o mapa anterior e responda às questões.

a) Quais são os países que fazem parte da América andina?

b) Identifique suas respectivas capitais.

2. Complete as lacunas.

O relevo é marcado pela _____, na faixa do _____, e por _____ sedimentares, na sua parte _____.

3. Caracterize a hidrografia da região.

4. Responda às questões a seguir.

a) Que tipos de clima podem ser encontrados na América Andina?

b) E que tipos de paisagem vegetal?

BOLÍVIA

Área: 1.098.581 km²
População em 2010: 9,9 milhões
Idiomas: espanhol, quíchua e aimará
Moeda: peso boliviano
Capital: La Paz

Bolívia

Fonte: *Atlas geográfico escolar*. Rio de Janeiro: IBGE, 2009.

É no Altiplano Boliviano que se encontra o lago Titicaca, hoje utilizado como rota de navegação para transporte entre o Peru e a Bolívia.

Dados econômicos:

- extração de cassiterita, estanho (principal produto de exportação), gás natural, chumbo, zinco e petróleo nos altiplanos;
- cultivo de café, frutas, trigo, cana-de-açúcar e batata nos vales;
- criação de bovinos, caprinos, ovinos e llamas nas planícies do Norte e do Leste;
- o cultivo da folha de coca, é importante fonte de renda do país.

Dados populacionais:

- a maioria da população boliviana é constituída de mestiços e índios quíchuas e aimarás;
- concentração populacional nos altiplanos entre as cordilheiras, nos vales e nas planícies do Norte e do Leste;
- instabilidade política e social devido a conflitos relacionados ao tráfico de drogas.

5. Responda às questões a seguir.

a) Quais os principais minérios extraídos na Bolívia?

b) E na agricultura, quais são os produtos cultivados?

c) Procure quatro palavras relacionadas à pecuária na Bolívia.

```
H T C R L T V O O B T
L L A M A S S E V O V
X O P A G T G F I O X
B R R A U E R G N O Z
O H I L T A N A O C X
S O N I V O B Q S T I
E M O L P E R A D N G
```

d) De quais etnias é constituída a maioria da população boliviana?

e) Onde se concentra essa população?

f) Qual a razão da instabilidade social e política observada na Bolívia?

CHILE

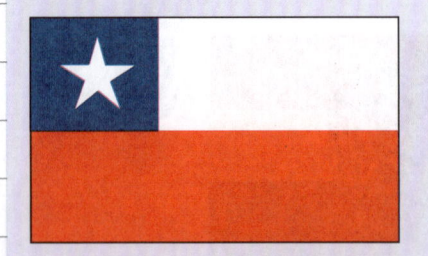

Área: 756.626 km²
População em 2010: 17,4 milhões
Idioma: espanhol
Moeda: novo peso chileno
Capital: Santiago

O território chileno é uma faixa estreita ao longo do sudoeste da América do Sul, entre a cordilheira dos Andes e o oceano Pacífico.

Dados econômicos:

- maior produtor de cobre do mundo, extraído ao norte do país, no Deserto de Atacama. Há, também, extração de prata e salitre;
- cultivo de trigo, algodão, milho, feijão, leguminosas e principalmente frutas, com destaque para a uva, destinada à produção de vinhos;
- pecuária de gado bovino e ovino;
- pesca, contemplada pela corrente fria de Humboldt;
- indústrias alimentícias, de calçado, de produtos químicos e de papel.

Dados populacionais:

- predominância de população branca;
- concentração populacional na região central do país, principalmente nas cidades de Santiago, Valparaíso e San Bernardo.

6. Complete as lacunas.

a) O território _____ é uma faixa _____ ao longo do _____ da América do Sul, entre _____ e o oceano _____.

7. No Chile, há extração de minerais como a prata, o salitre e o cobre, do qual é o maior produtor do mundo. De onde é extraído esse minério?

8. Que produtos agrícolas são cultivados?

9. Que atividade econômica chilena é favorecida pela corrente fria de Humboldt?

Fonte: Atlas geográfico escolar. Rio de Janeiro: IBGE, 2009.

10. Que tipo de indústrias estão presentes no país?

11. Caracterize a população chilena.

Colômbia

Fonte: Atlas geográfico escolar. Rio de Janeiro: IBGE, 2009.

Observe o mapa acima. A Colômbia é banhada tanto por águas do Atlântico quanto do Pacífico.

Dados econômicos:
- extração de ouro, carvão, petróleo, ferro, calcário e alumínio;
- cultivo de café;
- atividade industrial pouco desenvolvida, com destaque para as indústrias de metalurgia de alumínio, têxtil, petroquímica, química e alimentícia em Medellín e Bogotá.

Dados populacionais:
- 58% mestiços, 20% brancos, 14% mulato, 6% negros, 1% índio;
- 73% da população vive na zona urbana, principalmente em Bogotá, Medellín, Cali e Barranquilla;

COLÔMBIA

Área: 1.141.748 km²
População em 2010: 46,7 milhões
Idiomas: espanhol
Moeda: peso colombiano
Capital: Santa Fé de Bogotá

- população ameaçada por conflitos armados dos poderosos cartéis do narcotráfico que se estabeleceram na Colômbia.

Bogotá.

12. Responda às questões a seguir.

a) Que minérios são extraídos na Colômbia?

b) Apesar de ter atividade industrial pouco desenvolvida, há algumas indústrias no país. Quais são elas?

c) Enumere de acordo com a porcentagem na população.

( ) negros

( ) mulatos

( ) mestiços

( ) índios

( ) brancos

d) Em que cidades está concentrada a maioria da população?

e) Que ameaça enfrenta a população colombiana?

EQUADOR

Área: 283.561 km²
População em 2010: 14,6 milhões
Idiomas: espanhol, quíchua, línguas indígenas
Moeda: dólar americano
Capital: Quito

EQUADOR

Fonte: Atlas geográfico escolar. Rio de Janeiro: IBGE, 2009.

O Equador é o menor país andino. Isso porque seus vizinhos – Colômbia e Peru – conquistaram quase toda a selva amazônica do país, que já teve um território quatro vezes maior.

Dados econômicos:
- exploração de petróleo, a leste, na Amazônia;
- cultivo de banana e cacau na faixa litorânea;
- pesca de camarão.

Dados populacionais:
- a maioria da população é mestiça e se concentra nas cidades de Quito e Guayaquil;
- população pobre;
- alta expectativa de vida;
- luta dos indígenas pelo acesso à propriedade da terra, que contraria os interesses dos grandes proprietários.

13. Complete a frase a seguir.

a) O Equador é o _____ país andino. Isso porque seus vizinhos – _____ e _____ – conquistaram quase toda a _____ do país, que já teve um território quatro vezes maior.

14. Onde há extração de petróleo no Equador?

15. Que produtos agrícolas são cultivados?

16. Quais são as principais cidades equatorianas?

17. Que conflito existe, no Equador, envolvendo os indígenas?

PERU

Área: 1.285.215 km²
População em 2010: 29,3 milhões
Idiomas: aimará, espanhol e quíchua
Moeda: sol novo
Capital: Lima

Três zonas diferentes

No território peruano distinguem-se três zonas: uma costeira, entre o Pacífico e os Andes (la costa), uma zona montanhosa (la sierra) e a região situada a leste dos Andes (la selva ou la montaña).

Fonte: Atlas geográfico escolar. Rio de Janeiro: IBGE, 2009.

Fonte: Atlas geográfico escolar. Rio de Janeiro: IBGE, 2009.

De acordo com o mapa, observamos três zonas geográficas com características econômicas diversas.

Zona	Atividade econômica
Costa	Atividade pesqueira (3º lugar do mundo) favorecida pela corrente de Humboldt; Cultivo de cana-de-açúcar, algodão, arroz e coca; Extração de petróleo.
Sierra	Extração de ouro, prata, tungstênio, zinco, cobre e chumbo.
Selva	Extração de madeira, plantas medicinais e borracha.

DADOS POPULACIONAIS:

- 45% índios, 37% mestiços, 15% brancos, 3% negros, mulatos e asiáticos;
- concentração populacional na região costeira, nas cidades de Lima, Callao, Piura e Trujillo;
- grandes desigualdades sociais;
- nas áreas urbanas, 30% da população vive abaixo do limite de pobreza;
- alta taxa de mortalidade infantil;
- expectativa de vida de 72 anos.

Machu Picchu, no Peru.

18. Responda às questões a seguir.

a) Em quais zonas geográficas está dividido o Peru?

b) Que atividades econômicas são realizadas na costa?

c) Procure seis palavras relacionadas à atividade econômica presente na *sierra*.

```
B O I N E T S G N U T
C U T I E H C H M X B
P R A T A Z H L C R D
D O P M C T U S Q A A
M O T Z H G M R L E P
B C T A E R B O C T O
E N Z I N C O E V C E
```

d) Enumere de acordo com a porcentagem populacional em ordem crescente.

( ) brancos
( ) negros, mulatos, asiáticos
( ) mestiços
( ) índios

e) Dê três características da população peruana.

f) Em que cidades está concentrada a maior parte da população?

VENEZUELA

Área: 912.050 km²
População em 2010: 29,2 milhões
Idioma: espanhol
Moeda: bolívar
Capital: Caracas

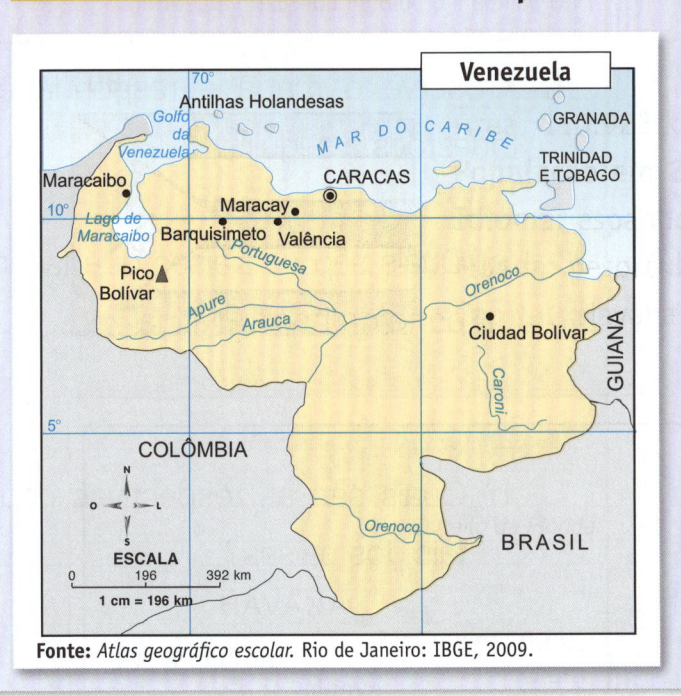

Dados econômicos:
- extração de petróleo;
- exportação de alumínio e aço;
- atividade agrícola pouco desenvolvida;
- pecuária bovina nas encostas e nos vales da cordilheira.

Dados populacionais:
- a maior parte da população vive na região litorânea;
- 27% da população é pobre.

Fonte: *Atlas geográfico escolar*. Rio de Janeiro: IBGE, 2009.

19. Faça o que se pede.

a) Cite três atividades econômicas na Venezuela.

b) Caracterize a população venezuelana.

23. Os países platinos

Fonte: Atlas geográfico escolar. Rio de Janeiro: IBGE, 2009.

Os países platinos estão localizados predominantemente na Zona Temperada Sul do globo.

O relevo da região é baixo e regular, constituído basicamente por planícies e alguns planaltos. Na porção ocidental da Argentina, encontram-se grandes elevações terciárias, os Andes.

A hidrografia é caracterizada por rios extensos. A principal bacia é a Platina, com destaque para os rios Paraná, Paraguai e Uruguai.

O clima dominante é temperado, associado principalmente à vegetação rasteira do pampa.

Nas porções do Chaco e da Patagônia, aparecem climas associados à vegetação xerofítica. No Paraguai, o clima predominante é o tropical e a vegetação é formada por florestas densas.

A Argentina, o Paraguai e o Uruguai, junto com outros países, são membros do bloco econômico do Mercosul.

O pampa é o polo agropecuário argentino.

1. Observe o mapa e responda às questões a seguir.

a) Quais são os países que fazem parte da bacia Platina?

b) Quais são as respectivas capitais dos países?

2. Complete as lacunas.

O relevo da região é _____ e _____, constituído basicamente por _____ e alguns planaltos. Na porção ocidental da _____, encontram-se grandes _____ terciárias, os _____.

3. Em relação à hidrografia da região:

a) Qual é a principal bacia?

b) Quais são os principais rios que a constituem?

4. Associe as colunas.

(1) clima tropical

(2) clima temperado

(3) clima seco

( ) vegetação rasteira do pampa

( ) vegetação xerofítica do Chaco e da Patagônia

( ) florestas densas

ARGENTINA

Área: 2.780.092 km²
População em 2010: 41,4 milhões
Idioma: espanhol
Moeda: peso argentino
Capital: Buenos Aires

Suas atividades econômicas concentram-se na indústria, com produção de aço, automóveis, maquinários, alimentos, produtos químicos e têxteis. Para conhecer melhor as atividades econômicas desse país, vamos dividi--lo em três (acompanhe pelo mapa):

Região	Atividade econômica
(Noroeste) Chaco úmido Chaco seco – encostado aos Andes	Produção de milho e soja; Pecuária bovina extensiva
(Sul) Patagônia	Relevo plano com vegetação rasteira, ótimo para a pecuária bovina; Baixas temperaturas, ideais para a pecuária ovina
(Nordeste) Pampa	Indústrias; Produção de trigo, milho, soja, algodão e lã; Pecuária bovina

Fonte: Atlas geográfico escolar. Rio de Janeiro: IBGE, 2009.

Dados populacionais:
- maior parte da população concentra-se no pampa, principalmente em Buenos Aires, Rosário e Córdoba;
- predomínio da população branca.

5. Faça as atividades a seguir.

a) Caracterize a população argentina.

b) Associe as colunas:

(1) Chaco úmido
(2) Chaco seco
(3) Patagônia
(4) Pampa

(　) pecuária bovina e ovina favorecidas pelo relevo, vegetação e clima

(　) pecuária bovina extensiva

(　) concentração industrial

(　) produção de milho e soja, principalmente

6. Caracterize a região do pampa quanto a suas atividades econômicas.

PARAGUAI

Área: 406.752 km²
População em 2010: 6,5 milhões
Idiomas: espanhol e guarani
Moeda: guarani
Capital: Assunção

O Paraguai não tem saída para o mar, e essa situação geográfica o torna dependente dos vizinhos em relação à importação e à exportação de produtos.

O território do país é dividido em duas porções: Chaco ocidental ou Chaco boreal e Chaco oriental.

O Chaco boreal é banhado por muitos afluentes do rio Paraguai, rios perfeitamente navegáveis, que permitem o transporte dos produtos regionais.

Dados econômicos:

- exploração de quebracho, tanino e quinino no Chaco ocidental;
- as terras férteis próximas ao rio Paraguai tornam propício o cultivo de soja, algodão, milho e arroz e a criação de gado bovino no Chaco oriental;

Fonte: *Atlas geográfico escolar*. Rio de Janeiro: IBGE, 2009.

- grande centro comercial nas regiões ao redor de Foz do Iguaçu e Assunção.

Dados populacionais:

- grande parte da população concentra-se na porção oriental do Chaco;
- 95% da população é composta por mestiços.

7. Responda às questões:

a) Qual é a consequência do fato de o Paraguai não ter saída para o mar?

b) De que forma o rio Paraguai se torna importante para a economia do país?

8. Procure oito palavras relacionadas à economia paraguaia.

A	S	P	S	O	G	A	D	O
R	B	T	O	U	E	C	F	I
R	O	A	J	Q	U	D	Q	P
O	H	C	A	R	B	E	U	Q
Z	L	E	B	V	O	Z	I	M
G	I	D	T	A	N	I	N	O
U	M	Q	X	A	C	F	I	A
H	L	J	E	B	Z	J	N	N
M	A	L	G	O	D	Ã	O	A

URUGUAI

Área: 176.215 km²
População em 2010: 3,5 milhões
Idioma: espanhol
Moeda: peso uruguaio
Capital: Montevidéu

Seu território é uma extensão do pampa – entre a Argentina e o Brasil –, cercado de água por quase todos os lados, com clima subtropical e vegetação de campos.

Dados econômicos:
- economia baseada na criação de gado bovino e ovino – para produção de lã e carne;
- cultivo de cereais – trigo, soja, arroz e milho.

Fonte: *Atlas geográfico escolar*. Rio de Janeiro: IBGE, 2009.

Dados populacionais:
- baixo crescimento populacional;
- baixa taxa de mortalidade infantil;
- alta expectativa de vida;
- baixo índice de analfabetismo;
- grande concentração urbana, principalmente em Montevidéu;
- população predominantemente branca.

A cidade de Montevidéu, no Uruguai, recebe muitos turistas.

9. Em relação ao Uruguai:

a) Qual é o clima predominante?

b) E a vegetação?

10. Responda às questões a seguir.

a) Cite três atividades econômicas no país.

b) Dê três características populacionais.

MINIATLAS

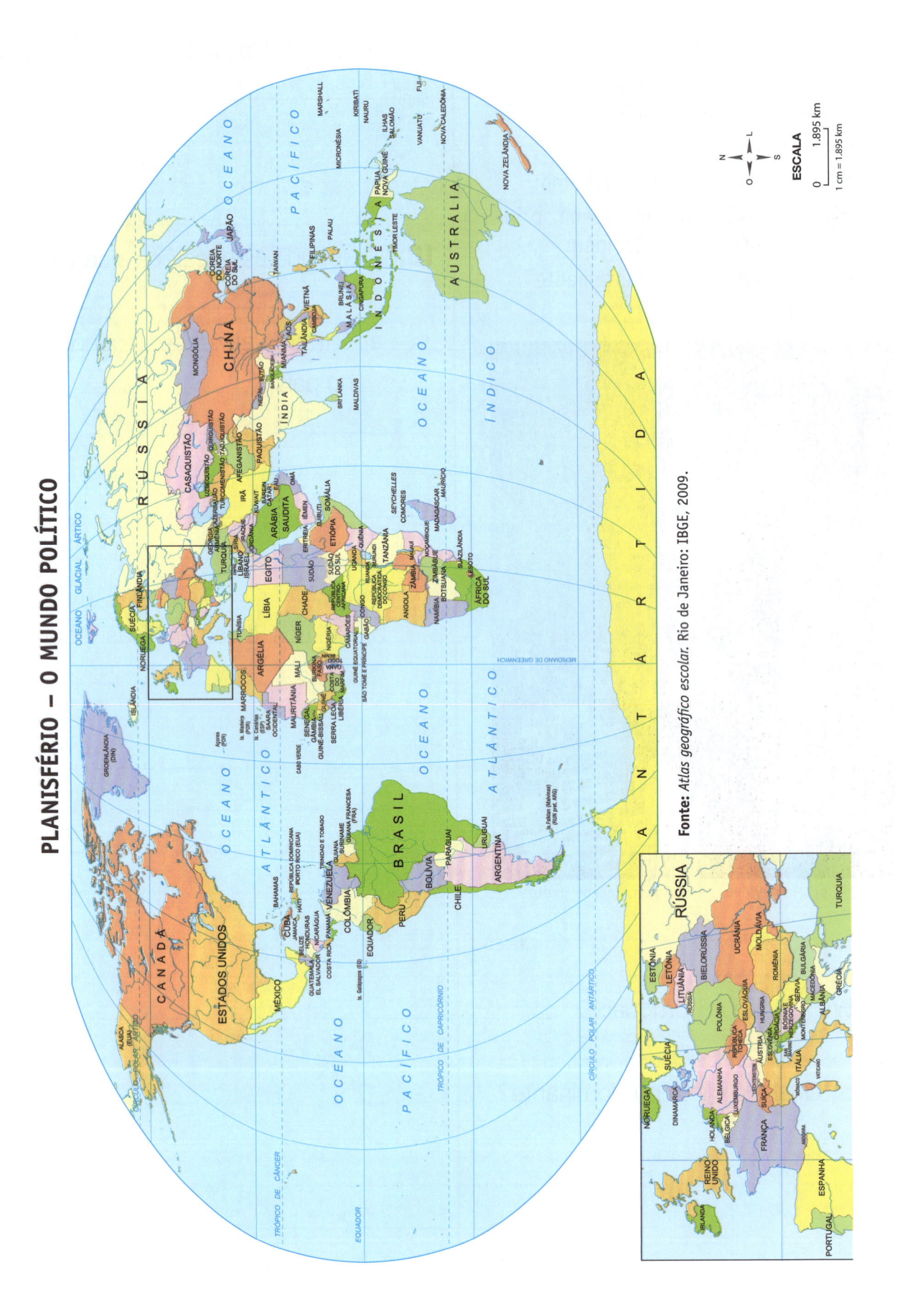

PLANISFÉRIO – O MUNDO POLÍTICO

Fonte: *Atlas geográfico escolar.* Rio de Janeiro: IBGE, 2009.

ESCALA
0 — 1.895 km
1 cm = 1.895 km

PLANISFÉRIO – FUSOS HORÁRIOS

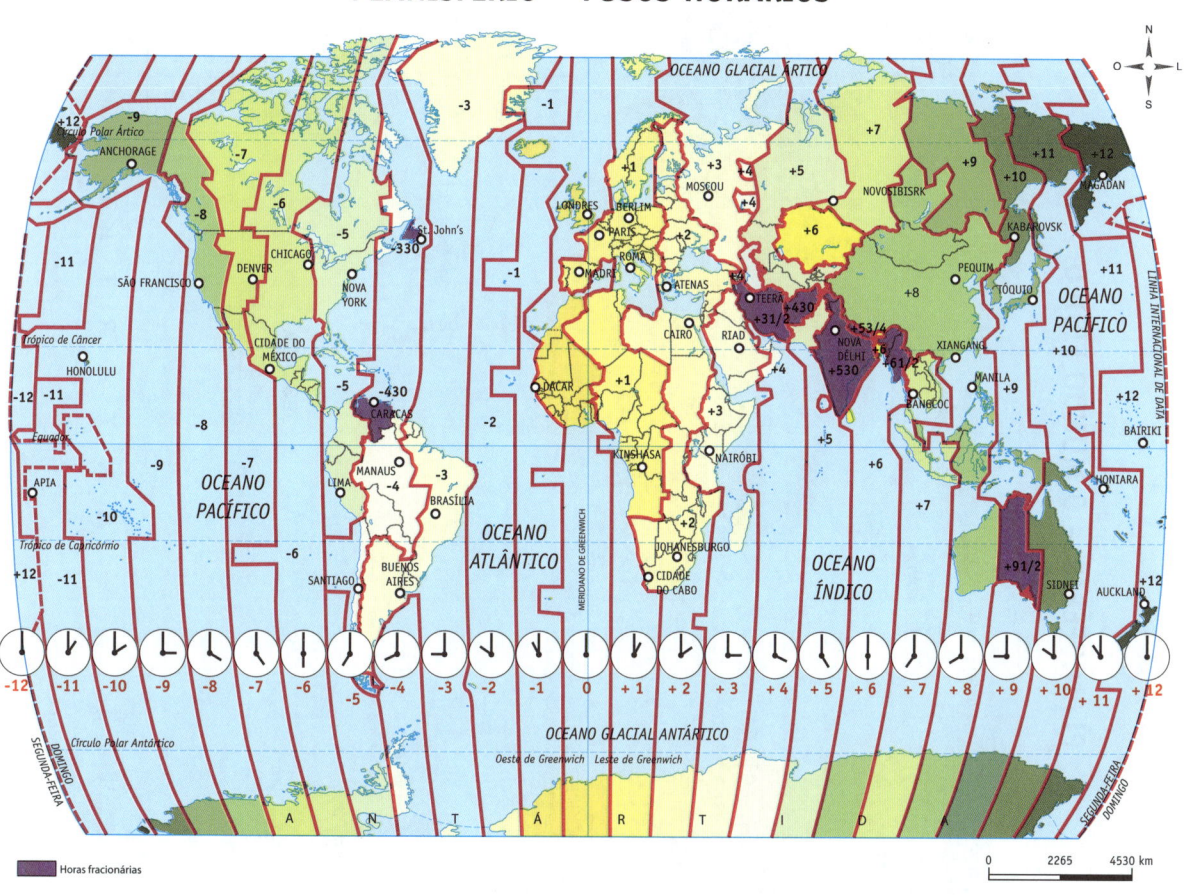

Horas fracionárias

Fonte: *Atlas geográfico escolar.* Rio de Janeiro: IBGE, 2009.

MINIATLAS

PLANISFÉRIO – O MUNDO FÍSICO

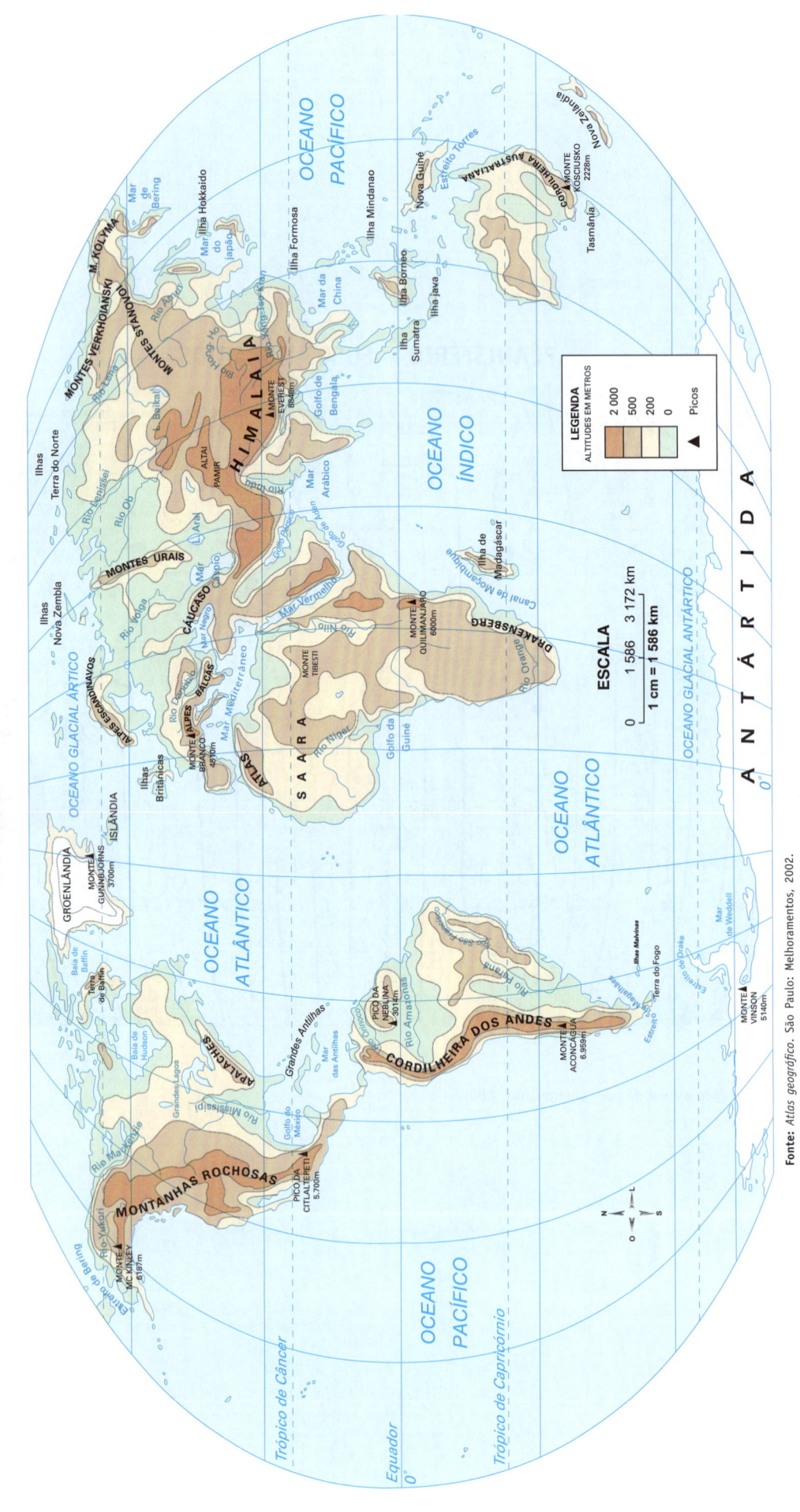

LEGENDA
ALTITUDES EM METROS
- 2 000
- 500
- 200
- 0
- ▲ Picos

ESCALA
0 — 1 586 — 3 172 km
1 cm = 1 586 km

Fonte: *Atlas geográfico*. São Paulo: Melhoramentos, 2002.

MINIATLAS

PLANISFÉRIO - DIVISÃO NORTE-SUL

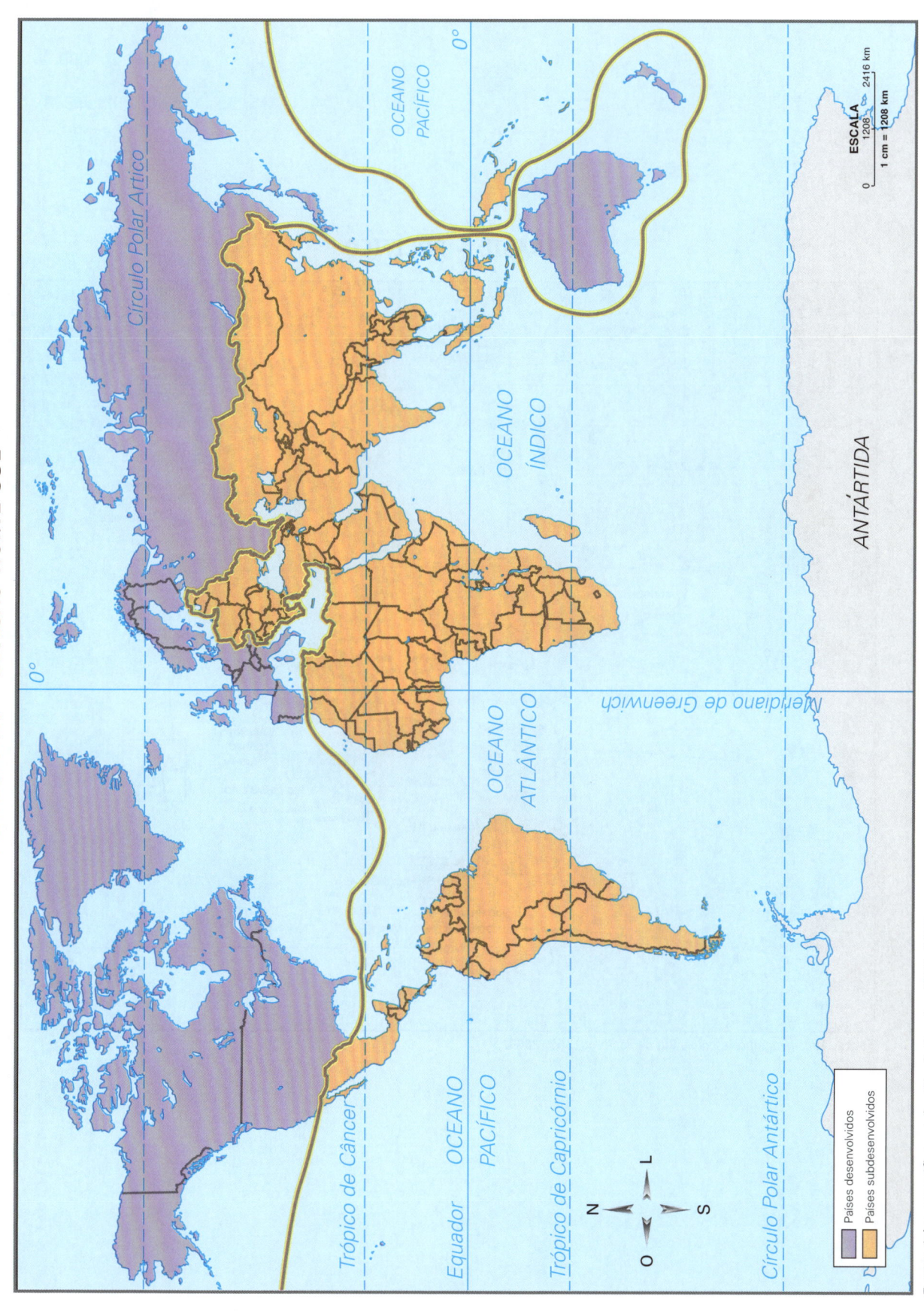

- Países desenvolvidos
- Países subdesenvolvidos

ESCALA
1 cm = 1208 km

Fonte: *Atlas geográfico escolar.* Rio de Janeiro: IBGE, 2007.

153

BRASIL – POLÍTICO

Fonte: *Atlas geográfico escolar*. Rio de Janeiro: IBGE, 2009.

ANOTAÇÕES